東井義雄 授業実践史

豊田ひさき
Toyoda Hisaki

風媒社

序

　『文部科学統計要覧』（2022）では、小学校に在籍している子どもは約622万人。教員は約42万人。2023年10月公表予定の文部科学省調査によると、2022年度小学生の不登校児童は10万5000強である。これは氷山の一角であり、学校に行けない子、行きたくない子どもの実数は、これよりはるかに多いものと思われる。一方、学校教育には、最近に限っても、「アクティブ・ラーニング」、「主体的対話的で深い学び」、「ギガスクール」と矢継ぎ早に政府、文部科学省からスローガンが発出され、現場ではこれらスローガンへの対応に追われて、「すべての子どもに真の学力を保障していく」ための授業研究や教材研究に割く時間がほとんどないと苦しんでいる多くの教師が存在する現実を、私も識っている。

　小・中学校の教師志願者数が近年とみに減少し、教員採用試験の倍率低下に悩んでいる教育委員会側の声も聞こえてくる。

　しかしまた、教育を取り巻くこのような厳しい状況にもかかわらず、「一人ひとりの子どもの学習権を保障する授業づくり」になんとか挑戦したいと熱い情熱を燃やし続けている先生が多数いることも事実である。

　授業研究を専門とする私は、名古屋大学大学院教育発達科学研究科教授を定年退官し、その後、中部大学、朝日大学で教職科目担当教授を現在まで務める中で、授業研究の視座を戦前からの生活綴方教師たちの授業実践史研究に移してきた。最後に出逢ったのが、兵庫県豊岡町（現豊岡市）豊岡尋常高等小学校に昭和7（1932）年4月、20歳で新任として赴任した東井義雄（1921～1992）の偉大な授業実践の数々である。管見の限り、東井の新任から定年（60歳）で八鹿小学校長を退職するまでを通して、その授業実践史を綿密に研究したものは未だない。この間、東井が一貫して貫き通した教育指針は、一言で言えば「子どものつまずきは教師のつまずき」という授業哲学である。この哲学を土台にして、「生まれてきてよかった」というコトをどの子どもにも体感させてやるのが教育であり、教師の使命である、と心に刻んで授業実践を始めたのは教員人生の中で何時なのかという時系列を縦軸に、その授

業実践は如何に発展・深化していったのかという中身を横軸に、実証的に究明してみたいという課題意識の下、私は7・8年前から集中的に東井の授業実践に関する史資料を丹念に調査し、未整理の生資料を収集して、納得いくまで読み返し、分析してきた。

　こうして得られた研究結果と今までに公刊してきたものを大幅に加筆修正し再構築した上で、一冊にまとめ直したのが本書である。その概要は以下の通り。

　第Ⅰ部「『子どものつまずきは教師のつまずき』という原理を求めて」の第1章では、東井が新任時代に担任した3年生が4年生に上がる直前に、「算術」と「読み方」は、3年時の成績によって、5クラス300人程の子どもを能力別移動分団に分ける。分団は6年生まで固定という従来からのシステムを、1ヶ月ごとのテストによって上の分団に移動できるシステムに替えた。この検討会に20歳の東井も参加する。志願した「読み方」C₂分団で、自分の名前も書けないし、文字の意味すらわからない4年生の子どもから「教科の論理」だけでなく、「子どもの成長の論理＝生活の論理」も配慮して教える必要があるという原理に気づかされる。その後、24歳の東井は、「あの子たちはカスだ」と忘れられている高等科の担任を志願し、彼らに綴方を書かせる手立て（＝戦略）の基礎を確立していった過程を明らかにした。

　第2章では、教育学者（日本教育史）の中内敏夫らが批判した『学童の臣民感覚』の論文には、いくつかの「誤認」があることを可能な限り実証的に論証した。さらに、この時期既に東井が、戦後の相田小学校での実践と比べても全く遜色のないような高質な「生活綴方的教育方法」に則った授業実践を展開していた事実を突き止めた。

　第3章では、戦後新教育発足期、東井が「教員適格審査」で保留の措置を受け、それが1947年4月中旬に「審査取り消し」で最終的に「適格」と裁定された経緯について、相田小学校への赴任辞令が4月30日に遅れた事実から解明することを試みた。相田小学校で出されていた親・子・教師の関係づくりのための『土生が丘』は、従来60巻までとされていたが、科学研究費による2022年度からの現地調査で66巻まで発行され続けていた事実を新たに確認した。そしてこの『土生が丘』が、名著『村を育てる学力』公刊の前提になったことも明らかにした。

第Ⅱ部「授業研究・授業づくりへの挑戦」では、授業研究・授業づくりが中々やりづらくなっている現在の状況において、一人ひとりの教師が自分の授業はこれでよいのだろうかというコトを今一度立ち止まって考えてみる契機の一つになることを願って、「主体的・対話的で深い学び」の授業を東井はこのように実践していたという諸事実を、丁寧に分析・整理する私流の紙上授業研究に挑戦してみた。

　第4章では、真正の「対話的な学びの授業づくり」は、教師からの「ゆさぶり」と「ねうちづけ」で構成される talk with の授業であることを東井の国語と算数の授業分析を通して実証した。

　第5章では、東井の授業は、戦前の豊岡小学校時代から、どの教科であれ「①ひとりしらべ⇨②みんなでのわけあい・磨きあい⇨③ひとり学習」という「学びあい」のサイクルを子どもたちの間に呼び起こすことで構成されている。この事実を『村を育てる学力』時代の子どもの「ひとりしらべ」ノートを詳細に分析することを通して、どれだけ「深い学び」が生起させられていたかという事実から解明した。さらに、豊岡小学校時代から悩んでいた教育評価を、東井は八鹿小学校長になって最初に断行したいわゆる「通信簿改革」で実現したことを、校長文集『培其根』を分析することで明らかにした。

　本書を書き上げるにあたって、ここ3年間執筆に専念できる時間を配慮してくださった朝日大学教職課程センター長虫賀文人教授をはじめ同僚の皆さんに感謝したい。科学研究費：「日本の戦後初期授業実践における「表現の指導」に関する基礎的研究」（2020〜2022）を受け、豊岡市にある東井義雄記念館を再々訪問した。その際、記念館長升田敏行さん、「白もくれん」会長衣川清喜さんに大変お世話になった、改めて感謝申し上げる。最後に、またまた拙著を刊行してくださった風媒社、とりわけ劉永昇編集長に衷心よりお礼申し上げる。

　2023年9月15日　残暑厳しい名古屋市新瑞橋の仕事場にて

目次

第 I 部

「子どものつまずきは教師のつまずき」
という原理を求めて

第1章　修行時代の授業実践

はじめに

　東井義雄（1912〜1991）は、1912（明治45）年4月、現在の兵庫県豊岡市但東町佐々木の小さな寺の住職東井義證の長男として生まれる。父は当時大谷本廟勤めであったため、3歳までは京都で育つ。初参りの写真（生後6ヶ月）から見ても、この時は比較的豊かな生活であったと思われる（『東井義雄生誕100年追悼文集』2013、188）。が、佐々木の寺に帰ってからは不幸が重なって貧乏になり、毎朝備える仏飯用の米のとぎ汁に大根を米粒ぐらいに小さく刻み、そこにチョボッと米を入れ塩味をつけた「チョボイチご飯」の生活が続いた。このような貧乏生活から抜け出すには、しっかり勉強して人より早く中学校に入るしかないと、小学校5年の時に中学受験をさせて欲しいと3日3晩、病に伏している父に頼み込む。そして、貧乏で中学に行かせることはできないが、試験を受けることだけは認めてもらう。京都の平安中学校（現龍谷大学附属平安高等学校）に合格するが、父との約束で泣く泣く高等小学校へ進み、15歳で貧乏でも入学できる姫路師範学校へ進学する。

　当時姫路師範は、初代校長野口援太郎（1868〜1941、後「池袋児童の村小学校」設立）の影響がまだ残っており、皇至道（1899〜1988、後広島大学長）や坂元彦太郎（1894〜1995、後お茶の水女子大学教授）が青年教師として、いわゆる師範タイプの型を砕き、自由創造の気を校内にみなぎらせてくれていた時代。そのため、当時としては比較的幸せな師範生活を過ごすことができた、と思われる。

第1節　新任時代

豊岡小学校

　東井は20歳で兵庫県豊岡町（現豊岡市）豊岡尋常高等小学校（以下―豊岡

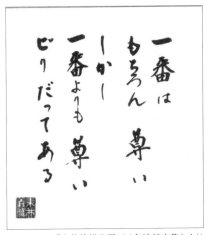

『東井義雄誕生100年追悼文集』より

小と略記）に赴任する。その時豊岡小は、全校児童数が尋常・高等科合わせて1768名、学級数37、教職員43名とこの地域の中心校で、校舎は、1922年に但馬地方で初めて建てられた和洋折衷の三階建て鉄筋コンクリート建築。後に触れるが、中内敏夫（1930～2016）が言うような<u>小さな町の学校</u>ではなかった（豊岡小については、第2章で少し詳しく触れる）。

貧乏生活から抜け出すためには、師範でも同級生より早く中等学校教員資格を取ろうと猛勉強を始める。このガリ勉姿勢は、豊岡小に赴任して前田菊治校長や浅田正雄教務主任の教育に対する取り組みに触れ、また従来から「劣等生」とラベリングされている子どもたちを目の当たりにし、一遍に吹き飛んでしまう。この事実に私が気づかされたのは、2014年の3月下旬、東井義雄記念館を初めて訪れた時であった。

　出発地名古屋では桜の花がほころび始めるというのに、ここ豊岡市但東町は雪が舞っていた。東井義雄はこのような所で教育実践をしていたのかと思いながら、記念館入り口の方へ目をやると、そこにあったのは、上の詩が刻まれた碑だった。この碑に出会って私は、一瞬、軽いショックを受けた。

　東井といえば当然『村を育てる学力』。だから一番目につきやすい所に、『村を育てる学力』という文字があるはず。大学時代から私の頭にこびりついていた固定観念が、ゆさぶられたからだ。それから10年近く経った現在、何度も記念館へ調査に通い、相田小学校での教え子さんたちから色々なことをお聞きする中で、なぜ先のような碑が建てられたのか、その訳が私なりに納得できるようになった。この詩に込められた想いは、東井義雄の授業実践を支える教育フィロソフィ（philosophia）であったのだ。別言すれば、これは、「子どものつまずきは教師のつまずき」という「弱者」に対する東井の限りなく温かい「まなざし」であった。以後本書では、東井に関するかぎり、

従来（そして現在でも時々見受ける）「劣等生」とか「弱者」とラベリングされている子どもに対して「弱者」という言葉も使用できない、とわかったからだ。私がこのような結論に達した理由については、本章第1節で証拠を出して示したい。

　本章の課題は、どのように授業をすればよいのか右も左もわからない東井が、授業とは、教育とは、かくあるべきだという方向性をほぼ確立するまでの着任後6年間（校務分掌では豊岡小尋常科3〜6学年、高等科1〜2学年担任、20〜25歳）の「修行時代」の授業実践を可能な限り実証的に究明することである。

授業は難しい

　新任時は、3年生担任。子どもたちの活発さに振り回され、彼らを何とか机に座らせ、授業らしいものをすることで精いっぱいの一年であったと思われる。この間、彼が自己の授業力を高めるために採った手段は二つ。

　一つは、豊岡小で若い教師を中心に行われていた「授業の試合」という相互参観・批評の勉強会に進んで参加すること。彼が、この「授業の試合」で一番悔しい思いをしたことは、「あなたの授業は下手だ」とか「まだ綴方教育になっていない」ということではなかった。そうではなくて「あなたの授業は教育になっていない」と批判される時であった。そんな時には必ず、「もう一度試合をさせて欲しい。今度は教育になっているはずだ」とリベンジの機会を求めるのが東井であった。

　もう一つは、当時但馬地方の生活綴方教育のリーダーであり同校の教務主任でもあった浅田正雄に教えを請うたことだ。3年生300人程を5人の教師で受けもっていたが、その内に浅田も居た。浅田は、読むべき本として、三木清『歴史哲学』、出隆『哲学以前』を薦める。20歳の東井にこのような本格的な哲学書を薦めた浅田にも驚くが、またそれを読みこなした東井にも、私は感心せずにはおれない――時代風潮もあったと思うが。

　新任教師は誰でも、授業の導入段階でどうしたら子どもの学習意欲を呼び起こすことができるのか、ということで悩む。東井もこの点で悩みに悩んだ末、浅田に教えを請うた時、先の2著を示唆される。彼は、『歴史哲学』を読んで、学習意欲は単なる感情的な「興味」に支えられているだけでは不十

分であり、自分の生き方の上へ「たぐり寄せる」という構えが必要、ということを了解する。教師が真っ先に取り組まねばならない仕事は、どの教科であれ、提起される学習課題を主体に「たぐり寄せ（て）」取り組むという構えを子どもの内に確立する—そういう身体をつくる—こと、という授業原則を東井はこの時胸に刻む。

主体にたぐり寄せる、自分の生き方にたぐり寄せるということは、教師の指示の下「やらされる学習」では生じない。「手繰り寄せる」という漢字交じりで表記すれば明らかなように、「これに取り組んでみたい！」と子どもが全身に力を込めて、「うんとこしょ」と自分の方に引き寄せ、引き込むだけの「力」が要求される。頭だけでなく、身体全体を使って全力で取り組んで初めて、「わが身にたぐり寄せる」ことが可能になる。三木が言う「<u>身をもって考える</u>」こともできるようになる。もちろん、子どもがこのように身をもって考えることができるようになるまでには、長期にわたる強力で辛抱強い指導—学級づくりや生活指導も含めて—が要ることは言うまでもない。ともあれこれが、東井の教師生涯を貫く「わが身にたぐり寄せて考える」という授業原理のルーツである*。

＊三木清の『歴史哲学』と教育との関係については、最近の田中久文「三木清における『ロゴス』概念の展開と教育論」（渡辺哲男他著『言葉とアートをつなぐ教育思想』晃洋書房、2019、所収）参照。

子ども目線から

『哲学以前』はどうか。これは、出が東京帝国大学助教授になる前の28歳の時に出版されたもので、当時の哲学青年の愛読書であった。東井が開眼させられたのは、「立場」ということについての次のような説明。

出隆（1920）『哲学以前』。
　　○我が家の庭に松の木がある。その松の木を私は初めて訪れる友人に
　　　　対して、「橋を渡ると左手に見える松の木を目当てに来い」という。
　　　　—松＝我が家を示す目標。
　　○私はこの松の幹に朝顔のつるを巻きつかせる。—松＝朝顔棚。
　　○たまには松葉掃除をしなければならない厄介な代物。—松＝厄介な
　　　　代物。

○妻から見れば二階の窓から出す長い洗濯竿のもう一方の支え。—松＝支え。

○子どもから見れば良い木登りの遊び道具。—松＝遊び道具。

　この場合、誰にも、普通には「松の木」という言葉で考えられるが、しかし、同時にこの同じ松の木が、色々の意味に解せられ、色々に思われ色々に感じられ、色々に欲せられ使用されるなどしていることを識る。すなわち同じ松の木が色々の立場から色々に見られているのである。

　「この松の木は？」という教師の問いに対する子どもの答えは、松の木に対するその人（子ども）の「立場」によってこのように多様であることを常に肝に銘じておく必要がある—この指摘に、東井は感動する。この認識を土台にして、子どものいかなる発言でも一旦は受け止めて、この発言はどんな「立場」から発せられているのかを教師は「哲学」しながら授業を展開していかなければならない、という東井独特の「授業観」につながっていく。「わかりません」という答えでも、下を向いて何も言わないという反応でも、教師は必ず一旦それを受け入れる。教師は、子どもの答え・反応に対して、その都度子ども毎の「立場」を「哲学」する必要があることへの自覚だ。ここには、東井特有の

ひとりしらべ⇒みんなでのわけあい・磨きあい⇒ひとり学習

というサイクルで授業を展開していく兆しさえ窺える。

　浅田に誘われたことは、もう一つある。それは、当時兵庫県でも盛んになりだした生活綴方教育への参加である。元々本を読むことが好きであった東井は、国分一太郎、村山俊太郎、鈴木道太ら北方性生活綴方教師、さらには鳥取県の佐々井秀緒が記した教育実践書に没頭する。そして段々と生活綴方運動や三木清、戸坂潤、また初期の亀井勝一郎の（プロレタリア的）評論などを読んでプロレタリア児童文学へと「赤色がかって」（東井の言葉）行く。なお先の佐々井秀緒は、1933(昭和8)年機関紙『国・語・人』(伯西教育社、顧問は峰地光重ら)を創刊する。この『国・語・人』は、16号から『国語人』

とタイトルを変える。東井は、その19号に「新春随筆　正月さん」、そして20号に「大木顕一郎氏著「綴方教室」に於ける豊田正子の作品について」という２点を寄稿している。東井が伯西教育社の佐々井や妹尾輝雄らと交流をしていた証である。

　もう少し深く東井資料を見ていくと、豊岡町でも、但馬国語人というサークルが結成され、創刊号に東井の「綴方生活指導略図─6年生になった吾が子らのために描ける─」が掲載されている。本書初稿ゲラの校正途中でどうしても確認したいことがあって、私は2023年9月6日東井記念館に出向き、この『但馬国語人』創刊号（謄写印刷）を再調査した。東井の「綴方生活指導略図─6年生になった吾が子らのために描ける─」を読み直して、二つのことに気づいた。一つは、この時の東井の文章には、すぐ後で触れる「尋六・第一学期児童文実践設計図」の原型が記述されていること。二つめは、そこに宮城県の北方性生活綴方運動の若きリーダーであった鈴木道太（1907〜1991）が引用されていること。この論文を東井が書いたのは、タイトルから見て彼が6年生を担当した昭和10年（1935年）4月以降である。ところが記念館の蔵書目録には、昭和10年1月発刊と記されている。この時東井はまだ5年生担任。巻頭言を書いた千葉春雄もはっきりと昭和11年に「本会が発足した」と記している。升田記念館館長と話し合って、この昭和10年1月は、但馬国語人というサークルが結成された時、と確認し合った。

鈴木道太のオリジナル原稿

　細かな発刊時期の問題よりも、私にとって大きな気づきは、東井が本論文を書いた時、鈴木道太を識っていた、という事実である。東井の文章にはよく「ひとりの喜びがみんなの喜びとなり、ひとりの悲しみがみんなの悲しみになる」というフレーズが登場してくる。鈴木道太は1934年宮城県亘理郡の吉田小学校に転任して、高等科1年生62人男組の担任になる。ほとんど全ての子どもの学習が非常に遅れているにもかかわらず、彼らは学習に身を入れないで初等科の子どもたちの大将になってチャンバラごっこに耽けっていることに業を煮やす。先のフレーズは、鈴木が担任になって65日目、子どもたちを裏山に駆け上がらせ、全員を青草の上に車座に座らせて説教した時に詠んだ言葉だ。この「呼びかけ」を鈴木は、自分が編集していた文

集『手旗』に載せる。当時、生活綴方教師たちは綴方仲間と文集を交換し合っている。その交換相手の一人に東井は入っていた、と考えて間違いない。なぜなら、『手旗』が公刊されるのは、私の知るかぎり、『鈴木道太著作集1』(明治図書、1972)だからである。急いで付け足せば、東井が豊岡小で高等科の担任を志願したことにも、彼が『手旗』のオリジナル版を読んでいたからではないか、と推測したくなる。

横道に逸れたついでに、一つ面白いコトを紹介しておこう。鈴木は、綴方事件に関連して、1940年

拘留中、鈴木が書いたオリジナル原稿

11月、特高に検挙・拘留される。それが次に掲げた原稿である―同時期山形県の村山俊太郎（1905 ～ 1948）も検挙されている。

この原稿の冒頭部分は、次のようになっている。

　　第一章　汚辱の初夜
　　　一　検挙
　　階段を上がってくる足音も格別に慌しいと云うのではなかった。
　　「まだ起きない？　お客様が来ているの。」という妻の音声も常と変わっていると云うのではない。然し自覚的に、さっと水をかけられるような、ただならぬ気配があった。
　　昭和十五年十一月廿日の朝であった。

戦後鈴木のカバン持ちだったと自称する平間初男さんの案内で、2007年、私は宮城県中央図書館に付設されている鈴木道太文庫で、この原稿を見つけ、平間さんの許可の下全編複写させてもらった―現在この鈴木道太文庫は郷里の白石市図書館に移管されている。これは、鈴木が留置場の中で書いたオリ

ジナル原稿。『鈴木道太著作選　1』（1972）の「手旗」はこのオリジナル原稿を基に書かれたものである。鈴木は、明治図書版の「手旗」の「解題」で、「『手旗』のほうは、さいわいに教え児のひとりが全巻をなくさずに持っていたので…『手旗』は文集をもとに、このようなスタイルの叙述になった」（313）と記している。東井が戦前から識っていた先の「呼びかけ」は、1934年のオリジナル文集「手旗」であったものと思われる。※

※なお、鈴木の生活綴方実践については、中部大学『現代教育学部紀要 Vol.1』の拙著（2009）「生活綴方的教育方法の再考―鈴木道太を手がかりに―」を参照されたい。

第2節　能力別移動分団学習

授業参観案内

　新任2年目、持ち上がって4年生を担当することになるが、この時大きな問題が生じる。豊岡小では、従来から3年時の成績によって、「読み方」と「算術」に関して、子どもが「上等品」「中等品」「下等品」「最低品」と等級分けされてしまい、その等級のレッテルが小学校卒業までくっついて離れない形になっていた。そして、中等品、下等品、最低品を受けもつ担当教師まで、あれは中等品、下等品…と品定めされる風潮もあった。

　東井たちは、何とかしてこれを改めたいと考え、子どもが4年に進む前に、ずいぶん話しあい研究しあった末、「能力別移動分団学習」に切り替える。この検討会に、新米の東井も堂々と参加でき、発言することが可能になる環境をつくり出した学校長と浅田教務主任の器の大きさ＝新任であれ、チャレンジしようとする構えへのリスペクト（respect）に注目したい。

　「読み方」と「算術」に限り、それぞれA分団、B分団（男・女と2組）、C_1分団、C_2分団に分け、成績の伸びてきた子どもは、1月毎に上の分団に上げてやる。保護者に向けたこの授業参観案内（謄写印刷、東井記念館蔵で未整理。）図1のビラを発見して、私は驚いた。これは昭和8（1933）年に、東井が書いたもの。「個に徹した教育を意図するために本年4月から四年に試みられた…」で始まる参観案内文だ。今まで、そしてその後もずっと、テストで評価し・組分けをする権利は教師のみに独占されていた。これは日本だけではない、世界中で「テストで子どもを差別・選別していく」近代学校シ

ステムのメルクマールだからである。

　この「移動分団学習」の場合も、せいぜい学校内の「内々の申し合わせ」であろうと、私は想像していた。だが実際は、ここでのテスト・評価の基準は、学校内にとどまらず、保護者という「世間」に公開されている。しかもそれがテスト・評価の基準だけではなく、この間の「指導記録」「テスト記録」「テスト結果の反省」「個人別テスト記録表」まで、見たい保護者はどうぞご覧下さいと公開されている。ここまで「見える化」されているとは、これは、大改革ではないか。後に、八鹿小学校で東井が指導した「通信簿改革」のルーツと言えよう。

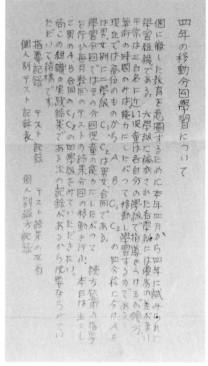

図1　（東井記念館所蔵）

　話を元へ戻そう。移動分団学習では、普段は自分の学級で勉強するが、「読み方」や「算術」の時間が来ると、それぞれ自分が属する能力別分団に移動する。教師の方も、「算術」のＡ分団を担当したら、「読み方」はＣ₂分団を担当するという形でバランスがとれるようにした（著作集 5、34）。東井は、「算術」はＡ分団、「読み方」はＣ₂分団を担当する。この「読み方」Ｃ₂分団の担任がとてもいい勉強になった、と後に述懐している。この「読み方」Ｃ₂分団には、カタカナもひらがなも漢字も、とにかく「文字」というものは一字も読めない・書けないモリタミツをはじめ、26字を読むことができるＡ、33字読むことができるＢ、24字を読みうるＣをはじめ全員で35人の子どもがいた。3年生の終わりまで、この子どもたちは、仲間の子どもや教師からも「字もわからない劣等生」と見られ「周辺部」に押しやられていた証拠。東井は、この時既にこの種の教育観、子ども観は「おかしい」と

いうことを、直感的に感じていたものと思われる。

［モリタミツに学ぶ］（1933 年の実践）

　本事例は、『村を育てる学力』など戦後の著書で何度も言及されている。4年になっても自分の名前も書けない彼女を放置しておくことができなかった東井は、まず、名前の＜モ＞から始めて、＜モ＞が済めば＜リ＞という順に＜モリタミツ＞を覚えさせようとした。ところが、2ヶ月経っても彼女は最初の＜モ＞さえ覚えてくれない。しびれを切らした彼は、3ヶ月目のある日、彼女より少しはましな他の子のために「馬」の話をする。その時板書された「馬」の字を見て、彼女が「先生、あそこに書いてある字、パカパカお馬さんの『馬』という字ですなぁ！」と叫んで彼を驚かせる。

　東井は、「ミッちゃんが字を覚えた！」と飛び上って叫ぶ。「馬」という字には、「パカパカお馬さん」の面白い話がこもっている。それに比べて、＜モ＞は味もそっけもない。その後、「ダメ元」でいいと思って、彼は＜モリタ＞と板書し、「ミッちゃんよ、これはねあんたの字だぞ」と言っておく。と翌日、彼女はその板書の＜モリタ＞を写した紙を持って来て、「せんせい、これ、わたしの字ですなぁ」と言った。

［東井の分析］

　　自分は最初、「教科の論理」をがむしゃらに進んだが、彼女に自分の名前を覚えさせられなかった。これは、「教科の論理」をたどったことが間違いだったのではなく、「教科の論理だけ」をたどったことに誤謬があった。もう一つ大事なこと、つまり「子どもの太り方の生活の論理」も同時にたどらなければ、太ることはできない、ということを忘れていた（著作集　5、97 ～ 99 参照）。

［筆者の分析］

　この事例で東井は、彼女に＜モ＞から始めて、それが済めば＜リ＞、そして＜タ＞と一段一段昇っていかなければ子どもの力は育たない、それには難しい漢字より易しい＜カナ＞が先と考えていた。自分の名前の最初の＜モ＞は、彼女から見れば何の意味ももっていない。だが東井は、まず＜モ＞から

始めるのが先で、＜モ＞が済めば＜リ＞という風に詰め込もうとした。その時彼は、これが「教科の論理」にそっているからだと考えていた。だが彼女から見れば、無意味なものを無理やり覚えろと詰め込まされる、「やらされる学習」＝「ドリル」でしかなかった。一方、＜馬＞は、先ほど先生が話してくれた面白い「パカパカお馬さんの『馬』」。彼女にとっては、今まで単なる記号であった＜馬＞という字が、面白いお話の＜馬＞という意味をもった。単なる記号が、自分にとって意味のある字、あの面白いお話の＜馬＞だということがわかったのだ。彼女にとって、字は意味をもっているということ（＝本質）が、彼女なりにわかったのだ。そして「ダメ元」のつもりで東井が＜モリタ＞と板書し、「ミッちゃんよ、これはあんたの字だぞ」と言ったことが契機になり、＜モリタ＞は単なる記号の集まりではなく、私の名前を表す＜モリタ＞という意味がある字だ、と彼女にはわかったのだ。この年の内に、彼女は、カタカナ全てを覚えていく。

　東井はこの事例の冠に、「モリタミツに学ぶ」を置き、さらに最後に次のように記している（著作集1、99）。

　　　読者の皆さんは、この話を私の手柄とられるかも知れない。しかしそれは私の本意ではない。私は<u>私の失敗談</u>が聞いていただきたかったのだ。モリタミツの指導者としての<u>私が、水路を間違えた</u>ことで、どんなに子どもを苦しめたか、水路を誤っての努力が、どんなにききめのないものであるか、それを私は、わかっていただきたかったのだ（下線—引用者）。

　上の引用は、東井の生涯を貫く

【子どものつまずきは教師のつまずき】

という哲学のルーツ。この時、21歳の東井には、子どもの能力を現在見えているレベルだけでとらえることは誤りである。それぞれの子どもがもっている可能性＝現在まだ引き出されていない可能性（＝伸びしろ）へのリスペクトを忘れてはならない、という自分への戒め、と考えてよい。別言すれ

ば昨年浅田に指示されて読んだ出の「見る人の立場によって、読み取る意味が違ってくる」という原則を、東井自身が「身体を以て」体験した。これが、「モリタミツに学ぶ」という文言に関する私の解釈。この「まなざし」は、翌年、以下の事例との出会いにつながっていく。

童心主義からの決別

「太陽」（5年生「読み方」）

　　「太陽」の単元に入った時、C₂の子どもたちは漢字の多い「黒い教科書」は嫌だと言いながら、次のような会話を始める。

　　太陽さんは雨がふったらどうしとんなるだろう。

　　笠き（着）とんなんなるだが。曇っとるときに見えようがな。

　　大きな傘だろうか。

　　それは大きいとも、太陽さんは地球よりも大きいだで。

　　太陽さんは何たべとんなるだらあ。

　　あほう。太陽さんは人間とちがうのだよ。

　　それでも、なにか食べとんなる気がするわいや。

　　太陽さんはなんで晩照っとんなれへんだいや。

　　晩は疲れて、お月さんと交換しなるだが。

　　うそ言え。晩はよその国の方を照らしに行っとんなるだで。

［東井の分析］

　　この狭さこの貧しさ（精神的―引用者）を尚「神」というのであろうか。「尊い」というのであろうか。僕たちのせねばならぬことは、貧困を神秘化して感傷することではない。「ほほえましいもの」或いは時に「馬鹿々々しいもの」を充分認めながら、それを「後代への推進力」として組織することである。ほゝえましいものを太らせ、馬鹿々々しいものを、現実消化の彼の過程（＝学び取り aneignen ―引用者）に即して変革することである（下線―引用者）。

　　上の事例は、東京市第三大島尋常小学校国語研究部同人誌『綴方行動（吉田瑞穂主宰）から原稿依頼があった東井義雄（1937）「子供の論理と教育の論

理」（18）からの引用である。なお、吉田は、佐賀県内で尋常小学校訓導後、上京し、東京市第三大島尋常小学校の訓導・教頭・校長を務める傍ら百田宗治に師事しながら自らも児童詩作家として詩作を継続していく。

　その同人誌の主宰吉田から童心主義批判論文として依頼を受けるほどに、東井は既に全国版級の一人と評価されていたことが窺える。

　引用の下線部は、当時論争になっていた「童心主義」に対して、東井が「童心主義から決別」することを決意したことを示している。と同時に、C₂分団の子どもたちの発達可能性へのリスペクトの現れでもある。だから、正規の「読み方」の授業の中で、先のような「（太陽さんの）話しあい」を意識的に仕組むのが、東井特有の授業法であった。本来なら、「話しあい」の前に、「ひとりしらべ」ノートへの書き出しがあるのだが、この子どもたちはまだ十分に自分の思いをノートに書ききれないことを考慮して、1の「ひとりしらべ」をスルーして、つまり、【1 ひとりしらべ⇨2 みんなでのわけあい・磨きあい⇨3 ひとり学習】のサイクルの「2 みんなでのわけあい・磨きあい」から入った授業、と私は解釈している。

　もう一つ、先の「子供の論理と教育の論理」に関して補足しておきたいことがある。それは、本論文の締めとしての次の文言だ（21）。

　　教育の論理の正常な発展は、現実社会の論理と子供の論理を踏まえて可能である。それはどちらがふみはづされてもならぬ。
　　「社会が必要とする」といふことは「子供が必要とする」といふことにならねばならぬ。そしてそれは、決して不可能なことではない。子供の論理こそが、現実社会の論理の中でマテリアルにいきてゐるものであるからである。

　引用で使われている「マテリアル」は、英語material＝物質、素材などであるが、東井の場合、子どもが日常生活で目にするもの＝「生活の論理」と解釈したい。上の引用文では、「子供の論理」としているが、これが後に「教育の論理」の対概念としての「生活の論理」になる、という解釈だ。とすれば、東井のメルクマールである「生活の論理」と「教育の論理」の枠組みの基盤が、既にこの時にイメージされ始めていた、という判断も可能に

なってくる。

　丁度この頃（1936年）から、東井は全国誌にも顔を出し始める。最も多かったのが、児童文学・児童詩家百田宗治（1893 ～ 1955）が 1935 年 4 月に創刊した『工程』。本誌は、百田が児童心理学者波多野完治（1905 ～ 2001）、滑川道夫（1906 ～ 1992）らと共に全国の小学校教師と連携して綴方運動を開始した時の機関誌。『工程』第 2 巻 11 号（1936）が、「童心主義批判」を特集する。その中には、上田庄三郎、妹尾輝雄、村山俊太郎、寒川道夫など当世の大物と並んで東井も顔を出している。それが次の東井義雄「童心主義への決別」である※。

　　※当時の「童心主義批判」については、横須賀薫「童心的児童観の研究」（『一橋論叢』、第 93 巻、第 3 号、1985）が詳しい。

『工程』から

① 「童心主義への決別」（『工程』第 2 巻第 11 号、1936）
　童心なるものはプチ・ブル・インテリ層の児童の無邪気さとあどけなさに過ぎなく、綴方作品の乱れた文の間に、稚拙な誤字の列の中に、子供の人のよさが甘やかされていたに過なかった。

② 「生活分団の心理的な組織から」（『工程』第 2 巻第 12 号、1936）。
　K（級長）の妙に苦し気な（きょつけーい）に俺のいらいらははじまる。T（副級長）が俺に似てくる、（静かにせい）とっぴょうしもなく大声でどなる T、そして考えぬ葦はさわぎをやめぬ（教室手帳）。毎日の様に子供らは喧嘩をした。…綴方もひからびている（学級）。教育愛なんて殊勝な奴がどうしてこう俺には宿ってくれぬかと考えると…子どもたちを心からぶんなぐりたくなる（学級）であった。

この子どもたちを相手に綴方教育を続けて、

　僕は生活観照の深さなどに疑問を感じはじめた。綴方が（子供と共にある）ということは、そのような美しいことでなくてもいいと思い始めた。そして（一体俺のやっていることが、子供に何を付け加えるか）とい

う自問が俺を苦しめてくれるようになった。（何になる）という問いは常に前進のガソリンである。人好きのせぬ、ひからびたとげとげしい僕の教室にとって、せねばならぬことは、個人的な彼らのとげとげしさを、そのはげしさのままで、…協働的に組織することであった。そのはげしさのままで、ぐんとたかまる…愛情を訓練することであった。

と東井は自覚する。この自覚を彼は次のように説明している。

　　生活分団の心理的な組織、それの中での一人々々の意欲性と協働性のはげしい吟味、そしてそれと僕の綴方を協力させること、それが新しい僕の忙しい仕事であった。子供たちは同じように怒号したが、怒号の姿勢がすぐ検討された。喧騒が組織をもってきたということはうれしいことだった。子供たちは窓のと（戸）を開けて詩をさがすことを止めた。自分のなかに吐き出さねばならぬ感情がうづうづと燃えていたからだ。やったことの報告綴方をとびだして来た。一人々々の生活の仕方がもっと熾烈に教室の問題であったからだ（傍点―引用者）。

という段階にまで東井はもっていく。ここに「窓のとを開けて」という文言が出てくるが、これは、当時の豊岡小のハイカラな西洋風の観音開きの窓の戸のこと―豊岡小学校の子どもたちは、西洋風の学校で学んでいた。長野県松本市の「開智小学校」を思い浮かべてほしい。

　こうして「（童心主義）はけっして子供のためなどではなく、教師自らの子守歌のために歌われた」ものに過ぎなかった、ことを東井は認識する。『赤い鳥』などに象徴される「童心主義」から決別した東井は、生活綴方は「子ども大衆の道」だ、と悟る。「切実に子供大衆と協力し、そしてその上に、更に子供大衆を指導し方向づけるという大きな任務がせおわされて」いると自覚する。さらに、「生活性の吟味」（『教育・国語教育』1936）では次のように記して身を引き締めている。

　　綴方に於ける生活性は、単に「生活に即く」ことから「生活させる」ことを新しく企図せねばならなくなった。…子共大衆自らの生き方に

綴方を協力させようとする段階が既に開始されているのだ。…生活を組織するということ、綴方を生き方に協力させるということは、生やさしいことではない（傍点―引用者）。

　ここで急いで補足しておきたいことがある。それは、『工程』第2巻11号（1936）が、「童心主義批判」を特集した時の執筆者に、上田庄三郎、妹尾輝雄、村山俊太郎、寒川道夫など当世の大物と並んで東井も顔を出していたという事実である。東井が「赤色がかって」行った証拠の一つと言える。

自然観照に騙されるな

　彼が「赤色がかって」行った証拠をもう一つ上げておこう。それは、1935年に『綴方精神』に初めて書いた論文「現実からの発足」である。そこでは、「自然観照」で満足するな、と次のように論じる（頁は記されていない）。

　　はじめから感心するつもりで風景を眺めること、、光とかげ色とにほい（匂い）のせんさくが金鉱で、もあるかのやうに過重評価された詩の指導一様のどうでもよさを僕たちは気づかねばならなむ。自然の風景は時に僕たちの子どもの詩の素材として持たれるが、それの光とかげと色とにほひはそれ自身価値をもつのではなしに、かへつてその素材を如何に己のものとしたかのこども自らの段階の高さと広さが吾々の問題である。前進の足場は現段階に於けるこどもの現実である。考えねばならぬものに目をつぶり、考えなくてもいゝものをなでまわすことが生き方であった生活観照といふやようなことばのいゝかげんさを今こそ僕たちは知らねばならぬ。

　と、手厳しい。そしてさらに次のように記す。

　　考えねばならぬものを考えることが僕たちの世界では危険視される。そして一様にどうでもいゝ仕事がどうでもよく安らかに行はれてゐる。けれどもその間教育は無力以上のものではなからう。現実から発足しない教育があるということさへが僕たちには不思議でなければならぬ。

そして最後にこう呼びかける。

　　僕たちは詩を、僕にとっても子供たちにとっても、この現実の足場か
　　らむせ上がってくる環境的な諸矛盾や、どうにもならぬ重々しさで迫っ
　　てくる生活事実を身を以て生き抜き、己れの肉体的な生活力にとかし
　　込み、前進しようとするパトス的な叫びであらしめようとする。どう
　　でもいゝものを拒否して真実に我が身のいのちにかゝはってくるもの
　　にぶつかり、それにかゝはる生きた弾力ある、しかも真実につながる
　　心の渦を大事にし、それを育てはぐゝまうとする。ぼくたちは子供と
　　共に現実にしりをまくることを恥と考える。

　引用が少し長くなったが、これが23歳の東井の偽らざる心境であったのだ、
と私は判断している。

発達可能性へのリスペクト
　「ほゝえましいもの」や「馬鹿々々しいもの」を充分認めようとする眼で、
「劣等生」と言われる子どもたちに接していると、次のようなことも見えて
くる。

　　知進児たちが同類集まって、水遊びをしていた。やかんの中に手をつっ
　　こんで、きゃあ、きゃあ言っている。手の体積だけ、やかんの口から
　　水が流れ出るのを喜んでいるのである。私が寄っていくと、中の一人
　　が言う。
　　「わあ、先生にはかなわん」何のことかきいてみると、
　　今、その四、五人で、やかんの中に手をつっこんで、だれがやかんの
　　水を一番たくさん出すか、競争しているところだという。そして、先
　　生の手は大きいから、水がたくさん出るにちがいない。手の小さい者
　　はあかん、というのだ。彼らが、アルキメデスの原理などということ
　　ばを知っているはずはないのだが、彼らは、頭でゝなく、小さいにぎ
　　りこぶしで見つけだし、感じとっているのだ。

そして東井は、「外から与えようと力むと、だまってしまい、いのちにふたをしていく子どもたちも、内にはぐくんで太っていく芽をもっているのだ。それを育てなかったら、勉強の力は育たない。内から太っていく芽を育てるためには、やはり、子どもの側に立って、その生活を耕し、育てるより道はない。」と言う。これが、本書で私が使ってきた「発達可能性へのリスペクト」である。この「子どもの側に立って、その生活を耕し、育てる道」が、東井の場合「調べる綴方」、「くらしの綴方」であった。以上見てきた実例から、すでにこの時点で、東井には「調べる綴方」、「くらしの綴方」が確立されつつあることがわかる。

東井だから、やかんの中に手を突っ込んで遊んでいる子どもたちのその行為の中に、アルキメデスの原理につながる糸口を見つけることができたのだ、という事実を見逃してはなるまい。彼には「モリタミツに学ぶ」という眼があるからだ。C$_2$分団の5年生「太陽」の授業で、初めに自分の思ったことを話し合う時間を意図的に取った時、話し合いの中身の「この狭さこの貧しさ（精神的—引用者）」を「やっぱりC$_2$分団」の子どもだから仕方がないのか、とあきらめることなく彼らに接し続けた結果として、「アルキメデスの原理」を「頭でなく、小さいにぎりこぶしで見つけだし、感じとって」いく本当の「賢さ」に出逢うこともできたのだ、と私は考えている。

柿の実しらべ

担任クラス5年生の藤原は、理科で以下のような「柿の実しらべ」をやってくる（東井義雄「『生活の綴り』と他教科」『綴方学校』1938年2月号、27〜29）。これは、東井が22歳の実践。なお、全国誌『綴方学校』1938年2月号の論文「『生活の綴り』と他教科」の初出は、前年の「尋六・第一学期児童文指導実践設計図」（兵庫県綴方連盟『綴方精神』5月号）である。少し込み入った記述になったが、東井は、まず地元兵庫県の雑誌『綴方精神』に書いた論文を、翌年全国誌『綴方学校』にほぼそのまま掲載したのだ。今日の研究倫理に照らせば、厳密に言えばこれは剽窃になるが、日々の実践に忙しい東井が次々と全国誌からの原稿依頼があり、つい同じものを今でいうコピペした結果である。他人のモノのコピペではなく去年の自分の論文であるので、

今日の研究倫理をこの件に適用して、上げ足を取る気にはどうしてもなれない、というのが私の正直な心情。「柿の実しらべ」はいつ発表されたのかを重視したこと、そのため原資料を探すことに偏り過ぎた結果、小生の論述がややこしくなってしまったことは、「老人のらくがき」（杉本健吉）としてご容赦願いたい。

それよりも、ここまで筆を進めてきて、東井のこの論文は、短いものだが、非常に奥の深い意味を含んでいることに気づいた。

まず「柿の研究」を紹介しよう。

[たねの中]　西田君が小刀のさびをふいて、柿を二つに切った。スルッとたねがたてに切れて、（はい）が、しゃくし菜の小さいののようだった。しゃくし菜のようなのは葉が二枚あった。どれも二枚あるのかと思い、又種をわってみたら、又二枚だった。なぜ二枚に決まっているのだろう。養分がよけいに行き渡ったら三枚ぐらいにならないのだろうか。そう思いながらもう一つわってみたら、また二枚だった。はてな、養分を送るすじが、決まっただけ養分を送ったらもう次のに渡してしまうのだろうか。考えれば考えるほど不思議だ。

（はい）は、二つの白い（はいにう）につゝまれている。（はいにう）はなかなかたい。やわらかい（はい）が、このかたい（はいにう）の中をどうして出ていくのだろう。中から割るといっても、僕らが小刀でわらなければならない位かたいのに、この白びょうたんが何で二つにようわるのだ。それならどうして割るのだろうか。うちの柿をうえてみよう。中のしゃくし菜の葉のようなものは、なぜ白いのだろう。養分はわたるし、なぜだろう。太陽にあたらないからかもしれない。

[果実のつぶつぶ]　柿の実の中には黒いつぶつぶがある。それをなめてみると甘い。青い時はこんなつぶつぶはなくてしぶかったのに今は甘い。このつぶはどうして出来たのだろう。やっぱし人間の様に、養分を食って（い）や（ちょう）の様にこなしたり、いろんなものとまぜたりして、黒い甘いものをこしらえたのだろうか。あおいのや小さいのは、まだ大きくなることに養分を使っていて、もう大きくなったと思ったら、ぽつぽつ甘いつぶつぶをこしらえるのだろうか。

甘いものは、どこも同じように配ったらいゝな。よけいある所やちい
とある所なんかをこしらえない様にしたらいゝな。そしてもっと早く
甘くなる様に、大きくなるのと、いっしょにしたらいゝな。そしたら
仲間がよけいふえるだろう。それで、そうすると養分が足りなくなる
かもしれない。それなら肥料をよけいやればいいことになるが、なん
ぼよけい肥料をやっても早く甘くならない。なぜだろう。その機械が
こんな小さなものの中にはないのだ。ふしぎなことがなんぼでもある。

［東井の分析］

理科の時自由研究をさせた…決してすぐれたものではない。柿のたね
を調べなければならぬ様な必然性も見えない。どれだけのものを、ど
のようにして調べるかという研究計画も（したがって文の計画も）見え
ない。しかし能力からいうと中位のこの子は、柿の果実を解剖しながら、
その間に生活している。問題をみつけては自分でそれにぶつかろうと
している。

どれも二枚あるかと思って…行動、観察

なぜ二枚にきまっているのか…行動、観察

この弱そうなのがどうして（はいにう）を割るのか…観察

これは藤原の太っていく過程（生活の綴り）である。「学習」指導は、
この意味に於ける「生活の綴り」を育て、強靭にすることであらねば
ならぬ。勿論これには様々な仕方があるのだろうけれども、「生活の綴
り」に関する限り、それは広い意味で「生活の綴り方」指導である。

　ここから東井の場合、生活綴方指導と教科指導は合体していることがわ
かる。本論文は1938年に書かれた「『生活の綴り』と他教科」で（『綴方学
校』1938年2月号）、その実践は1934年であることにも、注目したい。東井が、
彼独自の生活綴方的教育方法を実践し始めている確かな証拠になるからだ。
それは、1935年10月号の『綴方精神』に「現代綴方教育の反省　回顧と展
望」に以下のように記していることからも明らかである。6年になった子ど
もに、改めて綴方の書き方について「頭でする勉強と体でやる勉強」の違い
を語り、「毎日の勉強を体の力にするため」には、

どうもおかしい、おかしいからどうした、そしたらどうなった、そこでこんなことがわかった、こんなこともわかった、

と考えることができる身体をつくることが必要、と記している。事実、先の5年の藤原は前年にそれを実行している。しかし、藤原の実行にはまだ弱さがある。「柿のたねを調べなければならぬ必然性が見えない。…どれだけのものを、どのようにして調べるかという「研究計画も（したがって文の計画も）見えない」と手厳しい指摘をしている──「要求と尊敬の弁証法」。ここにも、藤原が秘めている「発達可能性」へのリスペクトの大きさが窺える。この発達可能性を十分に引き出せなかった東井自身の未熟さを自覚した上での手厳しい指摘であるのだが。少し、深堀りし過ぎたか。話を元に戻そう。藤原が、先のような理科「柿のたね」研究ができた裏には、東井がこの子どもたちが5年生になった時に次のような姿勢で授業に臨んでいた結果と考えてよい。

　　いろいろな学科目の学習は、子供の生活を本当の意味で太らせていくのでなかったら意味をなさぬ。…（中略）…生活自体に統制吸収されることである。だから僕は、常に子らに次のようなことを言う。
　　（学習・勉強）・みんな達ここは勉強綴り方の部屋だ、みんなが学校での勉強や、家での勉強をどんなに本当に自分のものにしたかを話し合い、みんながみんなで偉くなろうとする部屋なのだ。自分の研究をみんなの役に立ててもらおうとする部屋なのだ。
　　（つまり）一年中、一日も休まず毎日行儀よく教室で本を開けていても、勉強したことにはならぬ。先生の言葉や本に書いてあることを、丸暗記したところで勉強したことにはならぬ。本当の勉強は、自分の内面からわかりたくなり、調べたくなって、ぐんぐん体全体でわかろうとし、わかっていくのでなければならぬ。頭の先だけしか働かないような勉強は本当の勉強ではない。僕の教室では、「生活する」「太る」ということは「生活を綴っていく」ことだ…（中略）…その「生活の綴り」を大事にすることが「綴り方」だということになっている。だから「働

きのくらし・あそびのくらし・勉強のくらし、それらのくらしを大事
にし、頑張ろうとせぬ者」は綴り方の駄目な者だということになって
いる。

　ここからは、「学習は、子供の生活を本当に太らせる」「頭の先だけしか働
かないような勉強は本当の勉強ではない」「『生活する』『太る』ということ
は『生活を綴って行く』ことだ」と、後の「生活綴方的教育方法」のいくつ
かのキーワードを読み取ることができる。
　ここで私が思い出すのは、前節冒頭で触れた、新任の時、若い仲間と「授
業の試合」をして悔しかったのは、「あなたの授業は下手だ」とか「まだ綴
方教育になっていない」ということではなかった。そうではなくて「あなた
の授業は教育になっていない」と批判される時であった、という文言である。
もう少し一般化して言えば、授業（Unterricht）が下手だとか、綴り方教育
になってないではなく、「授業が教育になっていない」と批判された時だ。
つまり、「授業」と「教育」の関係性が上首尾でないという時である。では、
いかなる関係性がよい授業なのか。私が院生時代恩師に鍛えられた「陶冶
（Bildung）と訓育（Erziehung）の統一」した授業（erziehender Unterricht）
を目指せ、という原理である（詳しくは、吉本均責任編集『現代授業研究大事
典』明治図書、1987、60〜61参照）。東井は、この原理を「生活綴方的教育方
法」で全ての授業を貫く、という形で実践しようとしていたことをここ（＝
全国誌）で宣言している、と判断できる。コピペか否かということとは、桁
違いの実践を目指し、それを理論化する哲学をこの論文でしている、と言う
のが私の解釈である。また深堀し過ぎたか。元に戻そう。
　その後東井は、春季号に「尋六・第一学期児童文指導実践設計図」、7月
号に「尋六・第二学期詩文設計図」11月号に「尋六・第三学期詩文設計図」
を書いている。新任時にどう授業をしたらよいのか、右も左もわからなかっ
た東井が、4年後には、6年の一・二・三学期の指導戦略まで見通すことが
できるようになっている。「修行時代」卒業といえるほどの進歩だ。それを
証明するものとして、先の「尋六・第一学期児童文指導実践設計図」を少し
引用しておこう。
　ここからは、東井の教師生活全体を貫いた各教科を生活綴方的教育方法で

月	題目	指導要綱	指導方法
4月	正しい綴り方の姿をもて	○どんな文がよい文か（文の観方） ○生活の仕方と綴方の仕方 　○呼びかける仕方 　○生活勉強、生活研究の綴方 　○研究、学習の綴方 　○雑談する仕方 　○生活内省の綴方 　○叫びの綴方、生活設計の童話	○学級の作品、他学級、他学校の作品について綴る姿勢を検討する。 ○学級の作品の在り方を自覚させてやる。上記（左記）のやうな綴ることのしかたに分類してやれば、これまでのしかたがかたよってゐたといふことがわかろう。 ○綴方の必要な教室組織をもたせねばならぬ。
5月	えらくなり方と綴り方 （生活勉強）	○綴方でえらくならう ○えらくなり方を皆で研究するために綴方をやらう ○僕はこんなに考へてしたぞ。 ○そしたらどうなった。 ○そこで僕はどうした。 ○綴る心と行動にくひちがいはないか。	○えらくなるためには計画がなければならず、計画が行動にならねばならず、行動する本当の姿勢真心が反省されねばならぬことの文話。 ○日常生活全野の解放による自由作。 ○分団でとじ込み、文集をつくらせ、分団の合評会学級の合評会をやる。
6月	えらくなり方と綴方 （学習・研究）	○毎日の勉強を体の力にするために綴方をやらう。 ○どうもおかしい、おかしいからどうした、そしたらどうなった、そこでこんなことがわかった、こんなこともわかった。	○文話＝頭でする勉強と体でやる勉強のちがひ。 ○各科の学習帳をぐんぐんはたらかせる。 ○研究発表のための文集をつくる。分団別に研究的によらせる。 ○つくった文集が、自然にぐんぐん検討されるやうな、組織にゆるみはないかを絶えず留意する。
7月	呼びかけることの仕方と綴方	○抗議、注文、相談の仕方として綴方をもたう。 ○もっとこんな風にしようではないか。 ○これはどういうつもりだ。 ○かうしてくれないか。 ○こんなにしてはどうだ。 ○わかり合ひ、まごころを分け合ふために綴方をやらう。	○抗議、注文、相談なんかの作品はぐんぐんはり出したり、よびかけの対象にぶつけたりしていく。 ○それの反応に絶えず気をつけ、指導する。

（「尋六・第一学期児童文指導実践設計図」22より）

展開していくための戦略がほぼ固まっていることが見て取れる。この論稿を書いたのが24歳。実際の実践は23歳の尋常6年の担任学級。6年生の授業の指導戦略が確立しているということは、これをベースにして今後小学校の何年生の担任になろうと、何月に何をすればよいかの見通しが立つということを意味する。さらに私が驚かされたのは、4月の指導要綱に「雑談する仕方」を置き、7月には、友達への「抗議、注文、相談」の仕方を、具体的に「もっとこんな風にしようではないか」・「これはどういうつもりだ」・「こうしてくれないか」「こんなにしてはどうか」と枕詞を付けて表明していこうと、指導していることだ。軍国主義が強化されていくこの時代に、こんなに若い東井がここまで実践していこうとしていた、という事実である。これは、子どもの権利宣言の先駆け、と言っても過言ではない。このような非常に緻密で、丁寧な指導があったからこそ、子どもたちがあれだけ高質な綴方が書けたのだ、と私は納得することができた。

　これが、2021〜2023年の科研費による綿密な再調査・分析の結果である。東井は、新任5〜6年で授業戦略をほぼ確立していたことになる。

第3節　高等科担任

忘れられた子どもたち

　授業力量のこのような進歩は、授業指導戦略の背骨がほぼ確立したことにとどまらない。6年生を卒業させた後、東井は「もうひとつの忘れられた子である『高等科』の担任を志願」する。豊岡小でも、「『高等科』は、ほんとうにあわれな存在であった。いい子はみんな上級の学校へ進み、いわゆる『カス』が『高等科』に来ていた。頭のわるい子ども、貧乏な子どもは体だけは大きくウソヒゲさえもはやしているが、勉強意欲はどうも…という子、しかも私とあまり年齢のちがわない子ども」（しかし）「そういう子どもたちとのくらしはまた、えがたいいい勉強になった」と東井は記している（下線―引用者）。少し実践例を挙げておこう。

　①「角力をとる」『工程通信』（1937 年 5 月号）
　体操の時間

神武山の草っぱらですもうをとる

下界はむしあついのに

山のてっぺんは夏の風がふいてゐる…（中略）…

前後列に分かれて角力をとると

いつも前列が負ける…（中略）…

前列の味方になってやる

布木のつかみ方がおそろしい…（中略）…

点がわるうなるぞ、と布木に忠告した奴がいる

腹立たしい気持ちにたぢろぐ。

座り角力には子供は自信を持ってゐる

草は決して子供を傷つけはしない

ごろごろ草にまぶれて組合ふ…（後略）

（そして）私は、すもうのように、ひとりひとりの子どもととり組んでいっ
た。年齢的にも、身体的にもあまり差のない子どもと、ごまかしなしにとり
くめるのがしあわせであった、と記している。

真摯に接する

子どもたちが日記に書いている「性」の問題だって、ごまかすわけには行
かなかった。この「性」の問題については、東井は、あちらこちらの雑誌に
発表している。また「職業実習記を中心とした高等科の指導案」（『綴方学校』
第4巻第1号）などもある。もう一つ取りあげておこう。それは、以下のよう
なことである。

高等科を担任した時、6年まで受け持ったSは違う組になっていた。と
ころが、高等科へ進んで勉強しているはずのSの顔を一向、見受けず
わたしは、病気でもしているのではないかと気になったので、同級の
Yにたずねてみた。「先生、Sは、高等をやめて、でっちに行ってし
まったんです。」わたしはこれを聞くと、腹が立ってしかたがなかっ
た。いくら、受持ちでなくなったにせよ一言の挨拶はあっていいはずだ、
とおもった。

わたしが腹を立てているのを見ると、Ｙは言った。「それは、先生の思いまちがいです。Ｓ君は…」

何か次に言おうとする様子だったが、わたしは叫んだ。

「思いちがいもくそもあるものか、君だって、挨拶にも来ずにやめたら承知しないぞ」「でも、先生、まあ聞いてください。Ｓ君は、いよいよ高等科をやめる日、みんなが帰ってしまっても、一人で教室に残って泣いとりました。あたりが薄暗くなっても、まだ泣いとりました。僕がそばへ寄っていって、『Ｓ君、もう帰ろうや』と言ったら、Ｓ君は、『Ｙ君、ぼくは、東井先生にだけは、別れの挨拶をして行きたいけれど、先生の顔見たら泣けちまうので、よおであわんわいや』そう言って、また泣いとりました」

わたしは、これを聞きながら、つぶやかずにはおれなかった。

「そうだったのか、そうだったのか。わたしにだけは挨拶をしていきたいと思ってくれたんか。でも、わたしの顔を見たら泣けてしまうので、とうとう、挨拶もようせずに、泣く泣くでっちに行ったＳ君だったのか」と（著作集１、89〜90）。

　東井が、高等科の子どもたちに対しても如何に真摯に接していたのかが窺えよう。「真摯に接する」ということで補足しておきたいことがある。

倍返し

　この高等科の子どもたちに、東井が初めて出会った時、彼らは野蛮人のように喧嘩をし、罵り合い、小さな子どもの戦争ごっこの大将になって…（中略）…走り回る毎日を送っていた。彼は、子どもたちに呼びかける。

> みんなは、毎日を粗末にしすぎる。勉強をしながら、いろいろなふしぎに気がついても、心の奥底にひゞいてくるものにぶつかっても、みんなはそれをすぐ忘れてしまう。働きながら勉強したこと、考えたことがあっても、それを大事にしようとはしない。石垣を築くように、それらの値打ちのある生活を築いていく、決心はないのか。

と。自分の生活記録の一山を子どもの前にデンと積んでみせる。目の前に積まれた生活記録（東井の日記）の山に刺激を受けて彼らの日記は始まるが、これも二ヶ月も経つと、品切れになる子どもが出てくる。そこで東井がとった対応が、独特であった。東井には、彼らの綴りのネタが品切れになる原因がわかっていた。体重や身長では大人を追い抜くものも出てくるが、彼らはまだチャンバラに心惹かれる程の「子ども」だった。「生活（綴り）を大事にし、それを生き方（綴り方）にまで高めるということが、頭では承知できても、彼らの生活の現実にはいささかも、必然性を持っていない」ことを識っていた。だから、この綴る「必然性」を生じさせることに教師が成功すれば、子どもに「日記」を続けさせることができるはず。

　東井は、綴る意欲を喪失している子どものノートに「もっともらしい指導言を付す」ことを止める。そして以前よりはさらに、がむしゃらに雑談していくことを始める。子どもが一枚書くなら一枚半の雑談を書きつける。このペンの雑談は効能顕著であった。これを書きつけて欲しさに意欲を再燃させる者も出てくる。「私の雑談の次に更に長い雑談を書きつける子も出てくる。」そして「おい先生」と呼びかけながら彼等の「生き方」の問題を語りはじめるようになった。その結果、この雑談のしあいが、「新しい僕の忙しい仕事」の内実となっていく。

【もっともらしい指導言⇨雑談を書きつける、へと処方を変える】

の萌芽が窺える。子どもたちの「綴り」を太らせ、そこから「生き方」を発足させようとするなら、教師はどうしてもこのような「雑談がし合える」組織を考えなくてはならない、という認識に東井は達していた。この組織の問題で一番大事なことは、子どもの「綴り」を問題にしてやる。学級の問題あるいは教師の問題にしてやる。とにかく「問題にする」ことが一番肝心だ、と東井は悟る。こうして、高等科二年生の「性」の問題を「教師の問題」として共に考える論文を当時何本か書いている。教師が私たちに「真摯に接して」くれている姿を、子どもたちは感じ取ることができた。綴方で、授業で「本音を語れ」、と教師がいくら口で唱えても、それだけでは教師の想いが子どもたちの腑に落ちない、と東井が気づいている証拠だ。教師と子どもが、

そして子ども同士が、「本音で雑談しあう」場を協働して創り上げていくという、東井の指導哲学＝授業指導と学級づくりの統一が、ここに確立していることが窺える。

小　括

　県内の雑誌や全国誌に目を向けてみると、1936～7（昭和11～2）年に、兵庫県綴方教育連盟発行の『綴方精神』に7本。そして全国誌に掲載されたものは、『綴方生活』に5本、『工程』と『綴方学校』に7本、『教育論叢』に6本、『綴方行動』『綴方研究』に各1本。計19本。これはもう一人前の「生活綴方教師」と評されるような大物（＝修行期卒業）になった証拠と言っても過言ではない、と私は考えている。

　その内、『綴方精神』に書いた昭和10～11年にかけての論文4本では、新任時戸惑っていた東井が、尋常6年の1・2・3学期の指導設計図を書けるまでの力をつけている。

　また、東京市第三大島尋常小学校国語研究部が学校内の同人誌として発行した謄写版印刷の『綴方行動』（吉田瑞穂主宰）に載せた「新児童観と綴り方の問題　子供の論理と教育の論理」は注目に値する＊。

　　※なお、百田宗次、吉田瑞穂については、埼玉大学名誉教授で国語教育・児童文学
　　　作家である竹長吉正が詳しい。

　たとえば、「さるも木からおちる」というような短いことわざさえも、

●さるが木からおちた。
●かにをいじめたからばちがあたって、かにもひどい目にあったが、さるも木からおちて尻をすりむいた。
●その木はさるすべりの木だったのだろう。それで、木のぼりのうまいさるでも、木からおちたのだろう。
●その日は雨あがりで、柿の木がよくすべった。それで、さるも木からおちた。
●木のぼりのじょうずなさるでも、ゆだんをしていると木からおちる。
●さるにかぎらず、なにでも、あまり、いばったり、調子にのったり

していると、失敗する。木のぼりがうまい猿でも、木からおちるの
だから。

これは、ひとりひとり、「生活の論理」を支える条件がちかい、した
がって、「生活の論理」もちがうからである。
しかし、そのちがいをよく考えてみると、一人ひとりが、うなずいて
やらねばならぬ論理をもっている。だから、それらを、みんな出しあって
み、話しあってみると、
「なるほど、そういう見方、考え方もあるなあ」
ということになる。一般の通念から言うと、教師というものは、子ど
もにものごとを教えるもの、子どものまちがいを正してやるもの、と
いうことになっていると思う。

> （しかし）子どもの言い分を聞き、子どもの書いているものを読んで、「な
> るほど、そうだなあ」と、教えられ、育てられるのは、毎日のことである。
> もちろん、子どもの方でも教師から学びとってくれるところがなければ
> ならないが、教師も子どもによって育てられるのが、教育活動の事実で
> ある（著作集2、192）。

という東井の全教師生涯を貫く授業哲学が、少なくとも、その背骨がすで
に確立されていることを明らかにすることができた。これが、本章の小括で
ある。
1936～1937年ぐらいまで遡って、東井の原典に基づきながら、生活綴方
的教育方法の授業づくり・教育実践の中身にまでメスを入れて分析・考察
したモノは、管見の限り未だない。科研費による今回の資料分析・整理の結
果、東井義雄は、この修行時代で、彼の教師生活全生涯を貫く授業哲学の基
盤をほぼ確立していたという結論は、本書の一つの目玉だと密かに考えてい
る。
一見して、そんなに若い時からと疑問に思われる方もあろうが、生活綴方
教育の実践家無着成恭が『山びこ学校』を著したのが24歳、土田茂範が『村
の一年生』を著したのが26歳などから考えれば、東井が24、5歳でここまで

達していたとしても、それは不思議なことではない。

　（拙著『東井義雄の授業づくり　生活綴方的教育方法と ESD』の「第一章『村を育てる学力』の原風景」をベースに、修行時代期の教育実践を年代順に取り上げながら、大幅に加筆修正を加え再構築した。）

（註）
出隆（1920）『哲学以前』、岩波書店、宝文館出版、1970。
東井義雄（1936）「生活性の吟味」（『教育・国語教育』）。
東井義雄（1936）「尋六・第一学期児童文指導実践設計図」（兵庫県綴方連盟『綴方精神』5 月号）。
東井義雄（1937）「子供の論理と教育の論理」（『綴方行動』）。
東井義雄「『生活の綴り』と他教科」『綴方学校』1938 年 2 月号）。
『東井義雄著作集　4』明治図書、1972、208（以下、本著作集に限り著作集　4 などと略記）。
著作集 5。
『東井義雄生誕 100 年追悼文集』、2013。
豊田ひさき（2016）『東井義雄の授業づくり　生活綴方的教育方法と ESD』風媒社。
豊田ひさき（2018）『東井義雄　子どものつまずきは教師のつまずき』風媒社。
吉本均責任編集（1987）『現代授業研究大事典』明治図書。

第2章 『学童の臣民感覚』前後の授業実践

第1節 「学童の臣民感覚」の扱い

はじめに

『学童の臣民感覚』に係る先行研究として最も知れ渡っているのが、中内敏夫・原芳男（1962）「教育者の転向―東井義雄」（思想の科学研究会編『共同研究 転向』平凡社）である。また、菅原稔が解説「『学童の臣民感覚』と東井義雄の転向」（『現代国語教育論集成 東井義雄』明治図書、1991）と「実践記録『学童の臣民感覚』と転向論の検討」（『戦後作文・綴り方教育の研究』渓水社、2004）を書いている――その他、鶴見俊輔（1959）「大衆の思想 生活綴り方・サークル運動」（『戦後日本の思想』中央公論社）、飯田勝美・汲田克夫・坂本忠芳「研究書評 東井義雄氏が我々に示唆するもの」（『教育』1959年1月）などがある。先の菅原の2典は、中内らの「教育者の転向―東井義雄」の中身に立ち入った検討を行っていない。鶴見の見解も所収本のタイトルから見て当然なのだが、戦前の『学童の臣民感覚』にはほとんど触れていない。

また、飯田らの共著で、私が気になったところは、ⓐ「戦前、東井氏が、子どもの日常的な実感…（中略）…から出発しながら、それを、『臣民感覚』にまで高めようとした時、実際には、子どもの日常感覚をも否定した『教える』教育を行った」と指摘する一方、ⓑ『いなむらの火』や『村をささえる橋』の学習帳の素晴らしさを評価している点だ。ⓐとⓑが行われた実践は、時空間が決定的に異なる。ⓐは戦時中で街の豊岡小学校、ⓑは戦後山あいの相田小学校、この区別をした上で批判をするのが研究者の卵（飯田ら3人は、東大院生）としての作法ではないのか。この区別もせずに、軽々に批判することに私は納得しかねる。もう一点は、「東井氏が、もっと具体的に学級づくり・仲間づくりと学習意欲の盛り上がりの相互作用を豊富な実践でうらづ

けてくださると有難い」と「甘え（て）」いる点だ。『学童の臣民感覚』前後の東井の授業実践を丁寧に読み込んでいけば、東井がこの側面でも、今でも私たちが学ぶべき高度な教育・授業実践（erziehender Unterricht）をしていた、と私は考えている。

　なお、東井自身、飯田らの論文に対して、「私の『いのち』の思想について―飯田・汲田・坂本、三氏の書評に導かれて考える―」（著作集　1、209〜219）で私心を述べている。そして、「私は、戦争中、弁解の余地もない戦争協力者であった。」と語っている。

　さて私は、ここ10年近く東井義雄の授業実践史研究に専念していく中で、中内らの考察にいくつかの事実誤認があることに気づいた。本章では、①その「誤認」が誤認であったことを実証する。②次いで、『学童の臣民感覚』に関わりながらその前後の授業実践について、私見を述べてみたい――そこで飯田らの論文をも念頭に置いて、東井が優れた学級づくり・仲間づくりをやり遂げていたことも明確化するつもりである。

街の大規模校

　東井が「左から右へ」と急旋回していった事実は、東井自身「戦争中、私は、心からの戦争協力者であった。正真正銘、そうであった」と記している。私も、これを否定するつもりはない。私が気になっているのは、一言でいえば『学童の臣民感覚』時代の授業実践は、光と影を併せもっているにもかかわらず、中内らがスポットを当てたのは、その影（陰）に偏重し過ぎているのではないか、という疑念である。一つずつ挙げて検討していこう――その際、中内らの論文「教育者の転向―東井義雄」は（　）でページ数のみ記す。なお執筆時、中内は32歳という若さ。

　その前に、もう一つ付け加えておきたい。亀井勝一郎などの推しもあって極端な紙不足の中2000部も刊行され『学童の臣民感覚』は、戦争終盤の兵力不足を補うため、高等教育機関に在籍する文系学生を在学途中で出征させるための「出陣学徒壮行会」が、1943年10月21日明治神宮外苑競技場で挙行されたという時代だった、という事実も忘れてはなるまい。

　まず第一点目は、東井が勤務していた豊岡小について、「農村僻地小学校の訓導」（218）、「郷里の田舎町に公立豊岡尋常高等小学校訓導として赴任す

る」（223）と記されている。これは違う。豊岡小を遡ってみると最初期、校名は図1のように目まぐるしく変わる。

1876（明治9）年	1877年	1878年	1879年
豊岡小学校 （豊岡師範附属小学校）	豊岡模範学校	豊岡小学校	同
校　　長			神矢粛一

図1（『豊小88年史』1962、12～13より）

　これには訳がある。少し説明しておこう。廃藩置県により豊岡県が誕生→各県に1校の原則で豊岡師範学校が誕生、附属小が付設される。これが、豊岡小学校の始まり。翌年豊岡県が廃止され兵庫県と合併。→豊岡師範学校廃止に伴い附属小学校から豊岡模範小学校に改名──模範小学校という名称は、当時（＝teachers collegeになる前）のアメリカでも師範学校は皆normal schoolと称されていた、その名残と考えられる。そして翌年、県令（県直轄であることがわかる）により豊岡小学校に戻る。豊岡師範学校の校舎は、1878年に公立（県立）豊岡中学校々舎となり、さらに1885年に豊岡小学校々舎となる。神矢（1849～1919）初代校長の経歴も面白い。彼は、茗溪學（＝東京師範学校）に入り、1875年東京師範学校（現筑波大学）小学校師範科卒業、豊岡師範訓導を経て、1877年豊岡師範校長を拝命。豊岡師範廃止に伴い、神矢は神戸師範へ移り1878年6月同師範校長心得に任ぜられる。そして1879年9月豊岡小学校長に就任──師範学校長が豊岡小学校長になったのだ。これだけを見ても、豊岡小学校の歴史と格の高さが窺えよう。

年次	児童総数	学級	職員
1932	1,768	37	43
1933	1,862	38	45
1934	1,915	38	45
1935	1,928	38	45
1936	1,951	38	45
1937	2,002	38	45
1938	2,024	38	45
1941	2,172	43	51

図2（『豊小88年史』、81より）

東井が勤務していたころの豊岡小学校の尋常・高等科合わせた児童数、学級数、職員数は図2の通りである。この図から明らかなように、豊岡小学校は「田舎町の小さな学校」では

ない。

　右の写真は、東井が勤
務していた当時の豊岡小
学校（『目で見る豊小百年
史』）。誰が見てもこれは、
「田舎町の小さな学校」と
は見えないはず。私事
で恐縮だが、2023年4月、
豊岡へ調査に出かけた晩、
豊岡小正門から100メー

当時の豊岡小

トルも離れていない小粋な居酒屋へ入った。そこのオーナーは、「私もそし
て親父、さらには祖父らも皆「豊小」（卒業生は皆こう呼ぶ）の卒業生であり、
隣にいる妻は『山の学校』卒!」と語ってくれたように、今でも豊岡小卒に
誇りをもっているようである。

　豊岡町の人口は、北但馬地震があった1925年時点で11,097人とそれほど
多くはない。しかし、当時の職業構成を見てみると、商業53%、工業30%、
労働者他9%、公務員6%、農業1%（今も学区内にほとんど田畑が見えない）
である（植村善博「1925年北但馬地震における豊岡町の被害と復興過程」（佛教
大学『歴史学部論集　4』、2014）。町当局や県は、北但馬地震の復興計画として、
アメリカ帰りの県技師置塩章を中心に、今のJR豊岡駅に通じるメイン道路
を拡幅し、プラタナスの並木を植え、道路の両側に鉄筋3階建の防火街をつ
くる。そして町役場・銀行・ショッピングセンターなどを集中させるという
「大都市計画」（今でいうコンパクトシティ）を実現する。この都市計画とすっ
ぽり学区が重なる豊岡小に、東井は新任として着任する。中内らのように、
東井は「農村僻地小学校の訓導」と断定してよいのか、という疑問がわいて
くる。また、東井が「右旋回するにあたって農民の子どもが重要な役割を演
じている」（224）も怪しくなってくる。当時学区の農業従事者はわずか1%
⇨豊岡小の子どもは街の子であった。そして東井は実家ではなく、豊岡町に
下宿していた。なお、県技師置塩章（1881～1968）は大正から昭和初期に関
西で活躍したネオ・ゴシック様式を好む建築家。

　東井が、当時大都市近郊で流行った「（サツキとメイの家のような）文化住

宅」という言葉を識っていたこととも関係してこよう。豊岡小最後に2年生を担任した時、その学級を支配していた2人の「ボス」、つまり小川と裁判所検事の一人息子溝上がいた。その溝上の賢さを、東井は「一種の幼きインテリ」と記し、「学習態度にはどこか『文化住宅』的弱さが匂う」と、『学童の臣民感覚』(61)で危惧している。第Ⅲ節で詳しく触れるが小川とその母親に対しても、「文化住宅的弱さ」を嗅ぎとっている。

　話を元に戻して、もう一つ付け加えれば、先の豊岡町の職業構成からも明らかなように、商業と公務員に従事する人々の中には、大正中期から昭和初期にかけて誕生した「新中間層」に属する人たち＝医者・（中等学校の）教員・技師・記者などサラリーマン及び自由業者が、15％ぐらいだと思われる。中内らが引用している小川哲の「シンガポールかんらく」に出てくる「夕刊」からもそれがわかる。小川家では、日々為される「大本営発表」の

愛国プロパガンダを毎日ラジオで聞き、新聞の写真で日本軍の「勇壮な姿」を目にし、さらに学校挙げての戦勝行事（左図）に感動させられていたはず。小川の母は完全な専業主婦で、子どもの教育に熱心な「新中間層」に属する。

図3（『豊小88年史』102より）

東井の生まれ故郷である山間僻地の農家中心の合橋村とは質的に違う「街」の子どもの存在が、どれだけ中内らに見えていたのか、疑問である。

ノドチンコ事件

　第二の誤認は、東井が右旋回していく内的条件として、中内らは「3歳の娘の重病（1941年）」とそれに続く「第二の事件」いわゆる「ノドチンコ事件」と挙げ、ご丁寧に「（昭和16年秋─引用者）」と注をつけている。「ノドチンコ事件」が実際に起こったのは、昭和16年ではなく、昭和12（1937）年。東井が高等科2年生を教えていた3学期末のこと。直接東井に聞いてみよう。

三学期、すべての教材を一応指導し終わった理科の時間、「わからぬところがあったら質問しろ」といった時、…「先生、ああと口を開けると、のどの奥にベロンと下がったぶさいくなものが見えますが、あれ、何のはたらきをしているんですか?」…はずかしいことながら、私は、のどの奥にベロンと下がったぶさいくなあれのはたらきを知らなかった。「<u>すまんが先生はそれを知らんわい、今夜しらべてくるから、あすまで答えを待ってみてくれないか①</u>」…あれは、のどの奥の、気管と食道の分岐点にあって、食物をのみこむ時には、それが交通巡査のように気管への道をふさいでくれたのだ。

それを知らないくらいだから、一度も礼を言ったこともなかった。すまないと思ったこともなかった。それどころか、大きなつら（面）をして、わしが生きていてやっているのだというような思い上がり方で、唯物論だとか無神論だとか、小利口ぶった理くつをこねまわしていたわたしだった（著作集7、300）。

下線①には東井の人柄＝高等科の子どもの授業に対する真摯さが現れていて面白い（教師の知らないことを「ごめん」と謝り、明日までに調べてくるから待ってくれ、と許しを乞うている）が、とにかく「ノドチンコ」事件は、第二の事件ではなく、第一の事件だ。そしてこの時、彼は「赤いろがかっていく」頂点におり、右旋回する直前である。つまり、中内らが挙げている事件の順序は逆。事実としての時系列は、［「ノドチンコ」事件、「盧溝橋事件」⇨日中戦争の泥沼化＝生活綴方教師への弾圧強化⇨「生活綴方事件」、親父の死、娘の大病］である。もう一つ、この間の事情を、東井の言葉で補っておこう（著作集1、286）。

東京高師卒の白川渥（1907〜1986）は（当時）神戸で県視学—（戦後作家として独立—引用者）—を務めていたが、東井が「あちらこちらの雑誌に実践記録を発表している」のを見て「くれぐれも自重し、慎重を期するように」と忠告してくれている。（それに対して、東井は）「事実、同僚と汽車に乗っていても、ツカツカと私のもとにやってきた目の鋭い見知らぬ人（特高—引用者）から『どこへ行くか?』と尋問を受ける

ことが多くなった。」

　前章で触れたように、1936〜7年、県内の雑誌や全国誌に書いたものは、小さな通信まで合わせると私が確認できた限り26本。白川から忠告を受け、さらには「特高」から目をつけられていることを実感して、自分の考え方が間違っているのかと思うようになった東井は、転向者の手記や唯物論の誤謬を批判する文章をむさぼり読むようになる。戦勝祈願で柏手が打てなくて子どもたちの後ろに立っていた彼が、進んで打てるようになり急激に右旋回していくことになる。これが、事実経過。

　第三の誤認は、中内らが『学童の臣民感覚』の第1部で時系列を誤ってとらえてしまっていることだ。

　第1部は、菅原が整理しているように、時系列的には、第4章⇨第3章⇨第2章という順が正しい。東井自身は、「村童」と区別するために、第3章は「幼児」とし、第4章は「臣民」としている。にもかかわらず、中内らは記述の途中で街の子と村の子を混同してしまう。これは、社会史家であるはず—まだ中内は社会史的アプローチになじんでいなかったか?—の中内らの大きなミスではないか。中内らの文章で言えば、小川哲の2つの作文——「つららん」、「シンガポールかんらく」（244〜245）の後に、この2つは、「至純な心」であり、「臣の命」を「開顕」せしめる順序として①〜⑨を挙げている（245〜246）。しかし、この①〜⑨は、合橋国民学校の「村の子」を対象として挙げられた短文であり、「街の子」小川哲は枠外である。

　第四の誤認は、敗戦の翌日、東井は辞表を出すつもりで記念樹を自坊の横に植えたのだが、中内らでは、「学校に記念樹を植えた」となっている。

　最後にもう一点、中内らの場合、豊岡小の小川哲の「シンガポールかんらく」の文は、図3のような学校全体を挙げての戦勝行事が行われる中で小川が書いたという状況説明が必要なのではないか。

		期　　　間	学校　　　学年
第2章	村童の臣民感覚	1942年4月〜1944年3月	合橋国民学校　初等6年
第3章	幼童の臣民感覚	1941年4月〜1942年3月	豊岡国民学校　初等2年
第4章	臣民への道	1939年4月〜1941年3月	豊岡尋常小学校　4〜6年

図4（菅原『戦後作文・綴り方教育の研究』、243より）

第2節　授業実践の検討

地理の調べ方

　高等科の子どもを卒業させた後、1938（昭和13）年4月、東井は尋常科4年の担任となり、6年まで持ち上がる。そして豊岡小最後に尋常2年生小川らを担任する。この間の高質な授業実践が、中内らの『学童の臣民感覚』批判ではではほとんど触れられていない。この時期の授業実践の「光」の部分を検討するのが、本節の課題である。

　早速授業実践の検討に入ろう。

　この子どもたちが5年生になった時、どの教科であれ、【「ひとり調べ」⇨「おおぜい調べ（＝みんなでのわけあい・磨きあい）」⇨「ひとり調べ（学習）」】いうサイクルで授業が展開していくスタイルが固まっている――以後、東井の学校教師生活最後まで続く。

　一つの例として、地理の学習を挙げておこう。地理の勉強の手だてとして、東井は以下のような手順を子どもたちに教える。

1　その土地のようす（区域、地勢）を調べねばならぬ。

　それから、

2　その土地で、仲間が、どんなに工夫し、どんなに働き、どんなにがんばっているか、（産業、都邑）よその地方とどんなぐわいに連絡をとるようにしているか。（交通）を調べねばならぬのだ。また、それらのことがらと、ぼくらの住んでいる土地との関係も、調べずにおれなくなってくるではないか。

…（中略）…

　こんな心構えで勉強するぼくらの地理ノートは、どんな使い方になるべきだろうか。（として、以下の大崎の「奥羽地方」の調べを紹介している）

奥羽地方　1　地勢

　山脈は南北に3列並んでいるところがなんだかへんだ。中央にあるのが奥羽山脈である。その中は那須火山脈が通っている。那須火山脈

は大へん勢いが強いらしく、関東地方からやって来ているくせに、奥羽を通って、ばんだい山、岩手山のような大きな火山をつくって、北海道まで伸びて行っている。なお、この山脈の中には湖が多い。山の中の湖なんておかしいようだが、こ

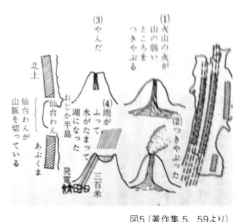

図5（著作集5、59より）

れは火山が湖になったらしい。その出来方は前図（図5）のようだと思う。その湖の一つ猪苗代湖は、会津盆地に比べて300メートルも高いそうだ。それで、その水を利用して発電に使っているそうだ。便利な湖もあったもんだ。…（後略）

　この子どもたちが5年生の3学期になり、紀元2600（昭和15）年2月11日を迎える。この年は、正月から日本中「紀元2600年」の祝賀行事で沸き返る——現在私が住んでいる名古屋市内のマンション近くにある熊野三社境内の楠には、「皇紀2600年植樹」と刻んだ碑が今も立っている。そんな中、2月10日には、早稲田大学教授の津田左右吉（1873〜1961）が「万世一系の天皇」説は史実でないことに言及した廉で『古事記及び日本書紀の研究』『神代史の研究』など4冊が発禁処分とされ、大学も辞職させられるという事件も起こる。

僕らの二千六百年史

　東井は、「調べる」学習の一環として、国史の時間に子ども全員を動員して、「僕たちの二千六百年史」を6年1学期の4月から翌年の卒業間際までかかって書き上げさせ［最後の編集後記の日付は、1941（昭和16）年2月19日］、その成果を文芸春秋に発表する。この「僕たちの二千六百年史」の抄録が、『学童の臣民感覚』の第二部「国史礼拝の記録」だ。

最初の「日本の誕生」を書いた遠藤由之は＜作者の言葉＞でおよそ次のように述べている。

この日本の国を作って下さった神様のことが知りたくなった。幸、僕らの組の図書館には、「神代の物語」ほかいろいろあるので、それを借り、ぐんぐん読んだ。神様の御心持や御やうすを頭に浮かべながら読んでゐると、日本がよい国だ…僕はそれを二千六百年史に書かうと思った。書いてみると、大へんむずかしく、何べんも読みなほしたり、書きなほしたり、しらべなほしたりした。…書き上げるのに、大方一ヶ月かかった（190）。

「僕らの二千六百年史」は、このような調子でほぼ11ヶ月かけて完成される。東井がこの「僕らの二千六百年史」の作成作業にクラス67名全員で取り組み始める際に作った巻物様式の分担表の存在を、（東井義雄記念館に預けられた宇治田家からの資料段ボール箱10箱の中から）、私は2022年8月確認している。先の大崎らを含めたすべての子どもが、＜作者の言葉＞を付けて書いていく——綴方の上手な子だけを選んだのではなく、綴方大衆全員参加型である点に注目してほしい。東井の調べる綴方、主体に「たぐりよせ（て）」子どもが書き込んでいく様子が窺えよう。あまりにも、主体に「たぐりよせ」過ぎたため、本当は史実ではない「神代の物語」を、子どもたちは本当の歴史的出来事として読み取ってしまう——読み手にもそういう読後感を与えてしまうことになる。東井も「それは違う、もっと批判的に色々な本を読んでみろ」と指導することは、もはやできなくなっていた＝その種の（神代の物語は史実でないことを指摘する）本を教師も子どもたちも手にすることも不可能であった。この点を、後に次のように述懐している（著作集1、215）。

ときは「戦時」であつた。戦いに抵抗し続けている——といったところで、それは内面的な抵抗に過ぎなかったが——そのままで、皇軍の捨身に護られつづけている自分をにわかにはずかしいものとかんじるようになった。こうして私は、理知で確かめねばならない部分さえも、一挙に感覚で飛び越え、ぐんぐん妙な方向へいってしまうことになった

のである（下線―引用者）。

　付言しておくと、彼が尊敬する浅田教務主任も「僕たちの二千六百年史」の「序」を書くことを買って出て、東井と子どもたちの仕事ぶりを激励している。
　この子どもたちを卒業させた後、東井は小川哲ら2年生の担任になる。
　中内らは、小川哲の「つららん」と「シンガポールかんらく」を例に出しているが、東井は、この子どもたちに対しても、今日から見ても遜色のない高度な授業実践をしている。『学童の臣民感覚』時のいわゆる「光」の部分だ。節を改めて検討してみよう。

第3節　豊岡小最後の授業実践

　東井は、1年生の担任になりたいと願っていたが、それは叶えられず、豊岡小最後の年、小川ら2年生の担任になる。豊岡小最後の授業実践は、『学童の臣民感覚』の「三、幼童の臣民感覚」（飯田らに関わってのここからの引用は、ページ数のみ記す）と「著作集　3」に比較的多くまとめられているので、考察の主資料とする。

学級づくり
　東井が、この学級の担任になった最初の頃の状況説明から入ろう。

　　最初、どうも縮んでいるように感ぜられた。少数の優等生（裁判所検事の子溝上と勉強はよくできるが何か冷たい人間に感じられる級長の小川―引用者）が必要以上にのさばり、大部分の子供は必要以上にいじけているように見えた。（たとえば）はじめの頃、私が運動場へ出ていくと、子等は一せいにとんで来た。そして、私の体にまとわりついた。鼻汁を出した子もいた。汚れた着物の子もいた。ところが遅れて駆けてきた優等生の二人が、ぎろりとにらむと、その子等はさみしげに手を放した。あとには、小利己そうな子供ばかり残った。私は優等生どもが「幕府」をつくっていると感じたので「先生は、人をさみしがらせない

子が好きだなあ」と言って彼等をたしなめ、「みんなやって来い」と一同を集めて「この中で誰が一番強いか検査だよ。先生は力の強い子供が大好きなんだ」といって、一人ずつに私を背負わせ、何歩歩くかくらべさせたりした。鼻汁を出した子にも背負われた（42）

　ここには、東井が「優等生どもが『幕府』をつくっているクラスの雰囲気・態勢を壊していく」という明確な学級づくりの姿勢が示されている。

　　また、（野村芳兵衛に倣って—引用者）「月曜日のお家」「火曜日のお家」…というように、子供を分団に分け、仲よしの「家」をつくらせることもした。学校だけでなく、下校してからも、その一家のものは、招きあい、遊びあい、勉強しあった。子等の中には、一年に入学してから、学校では絶対にものを言わなかった女の子が二人（＝今で言う「場面緘黙」—引用者）あったが、こうしている中に、その子等は、固くつぐんだ唇をほころばせはじめた。それをまた、他の子供たちも心から喜んでくれるようになったⓐ。…こうして、約二個月の後には、その子等も、本を朗読するようになった。組はだんだん明るくなり、一人々々の子供の眼の光に、いのちが感じられるようになってきた。一つのことを発表しても、先生に自分のえらさを認めてもらおうとする気持ちよりも、わけ合いながら勉強する、という気持ちが感じられるようになってきたⓑ（下線—引用者）。

　今日と比べても遜色ないほどの高度な学級づくりの指導がなされていたことが窺える。このⓐⓑは、東井が実践した優れた学級づくり・仲間づくりの成果と私は判断している。飯田ら東大院生には、このことが読み取れなかったのだろうか。
　このような学級づくりの指導と並んで、この年東井は「自然の観察」の指導に力を入れる。教師が「自然の観察」に関心をもっていることを知った母親たちは、早速子らに注入を始める。「雄しべ」や「雌しべ」や「花ふん」などの言葉が、こともなげに子どもらの頭に詰め込まれた。今で言う「教育ママ」の姿である。——前節とつなげれば、中内らがイメージしたような農

村の母親は労働に忙しく、新中間層に属する街の母親のように「教育ママ」になる暇などないはず。「驚きも感じも持つ余裕を許されず詰め込まれる様子を見て、東井は、親・子・教師の学級文集『日本の新しい芽たち』を発行する（＝相田小学校『土生が丘』の原型）。その創刊号で、子どもらを「かしこくする」には、教師と母親が共同責任をもってあたる必要がある、と訴える。その内容は、

> お母様方は、一人の子のお母さんではなく、組全体のお母様になってください。「どこそこの子なんかに負けるな」「あんな出来ない子と遊ぶな」そんなけちなことをおっしゃらないでください。私の組では、自分の勉強したことは、自分だけで威ばっていないでみんなに分け合うことにしています。互いにたすけ合い、分け合い、みんなでえらくなり合うことにしています ©。…いばる子供がいるとき、きっとおさえつけられて、ものの言えない子供ができます（47下線—引用者）。

引用 © も、東井が目指す学級づくりを含んだ「学級授業」づくりである。

サクラの花びら

東井は、自分の教育方針を訴えるだけではなく、それを具体化していく学習の方法も親に報らせる。たとえば、

> 理科で桜の花を調べましても、二つの学習の仕方が出来ましょう。一つは、花びら五枚、おしべ何本、めしべ何本と、頭の中にしまいこんでおく方法①。もう一つは、「おやおや、この花びらは五枚、こっちのも五枚、これもやはり五枚、おかしいなぁ、みんな相談して決めたんだろうか。ひとつぐらいまちがえて、四枚のがあったり、六枚のがあったりしそうなもんだのに、どれもこれも五枚なんて、不思議だなぁ」と、体全体に感じつつ、花びらの五枚を学習していく方法。
> （また）でんでん虫一つしらべても、お上品そうに、手もふれるのもいやそうに、「でんでんむしには家があって、頭に角があります。」を見つけるのがせいぜいだ②というような子供には満足できないのです。

さわってみろ、つついてみ、競争させてみるという風に、でんでんむしの生活の中に没入して、驚き、面白がり、発見するというような子供が欲しいのです。

（さらには）「虫とでも、花とでも、何とでも仲よしになれ、友だちになれ、そだててやれ、一しょにあそべ、話しかけてやれ。かわいがってやれ。ひやひやしながら、こうしてやったらどうだろうと胸をときめかしながら、にこにこしながら工夫し、見つけてやれ。」と言ってきました（50）。

と、子どもにさせたい学習方法を母親にも丁寧に報せ、共同戦線を張ってほしい、と訴えている様に、私は注目する。まさに、戦後の彼の授業実践にそのままつながる学習法だからだ。しかも、口頭で母親に伝えるのではなく、いつでも必要な時に取り出して読むことができる文集に書いて報せる、という方法にも注目したい。ここでも、生活綴方的教育方法の指導哲学である「発達可能性」に対するリスペクトは、貫かれている。

　東井の場合、子どもの「発達可能性」へのリスペクトがいかに大きなものであったか、以下の実例が傍証してくれよう。それは、戦後九州帝国大学教授になる動物行動学者桑原万寿太郎（1909～1998）が北海道帝国大学動物学科を卒業した直後の1934・5年頃、高等女学校（現在の高等学校）で理科を教えていた時のエピソードである［桑原万寿太朗（1958）「理科教育雑感」『教育と医学』3月号］。

「サクラの花には5枚の花ビラがある。その下には5枚の萼がある」という調子でそのころの理科の教科書を教え込む気にはどうしてもなれない。（そこで）ソメイヨシノの花を40人の生徒全員に渡し、「サクラの花びらは何枚か」と聞くと、彼女達は手元にある実物をちらりとも見ないで、『5枚』と答える。「本当にそうか、数えてごらん」と私が言うと、しぶしぶ彼女らは数えだした。ところが、さあ大変。まれにではあるが、4枚のも出てきた。6枚のも出てきた。彼女たちは、大発見をしたように驚いている。そこで私は言った。「どうやら4枚でも6枚でもあり得るのに、大部分が5枚なのだ。不思議と思いませんか。

これが自然の法則です」と。次に「雄しべは何本だろう」と聞いてみた。今度は皆一生懸命数える。そして聞いてみると「決まりはないと思います」と答えた。そこで40人クラス全員に5個ずつの花について数えさせ、一人ずつ答えさせ、黒板に集計を取った。横軸に本数をとり、縦軸に各本数の花の個数をとってグラフにしてみると、みごとに36・37を極大にして左右にきれいなすそをひく曲線になった。もうそれだけで、(生徒は) ここにも自然の法則が厳然としてあることを知ってくれ、何か襟を正したような厳粛な空気が流れた。その時の生き生きと輝いた彼女たちの目を、私は忘れられない。それ以降、皆理科を好きになってくれた。

明らかなように、高等女学校の生徒も「文化住宅的なインテリ」(61) にどっぷりと侵されていた。こんな生徒のようになってほしくない、ということが東井にはしっかりと見通せていた、と考えて間違いなかろう。このことは、東井が理科で教師が「自然の観察」に関心を持っていることを知った母親たちは、早速子らに注入を始める。「雄しべ」や「雌しべ」や「花ふん」などの言葉が、こともなげに子どもらの頭に詰め込まれた。今で言う「教育ママ」の姿を目の当たりにした。この種の「教え」ができるのは、新中間層の母親たち、と直感したからである。だから、母親たちと子どもたちに真の賢さを育むために、共同戦線を組んでほしいと、自分の理科の学習法を学級文集『日本の新しい芽たち』を介して、具体的に報らせたのである。

小川の日記

話を元に戻そう。しばらくすると、東井のこのような指導の下、小川もそして母親も変わり始める。

以下は、小川の8月のノートと母親の日記 (著作集　3、41 ～ 43)。

だんご

きょうおかあさんに、だんごをこしらえてもらいました。かあさんが、だんごのこをまるめて、ぽとん、ぽとん、とあついゆの中に入られました。そして、

「ちょっとようじがあるから、おだんごがういたら、すくって、きなこの上においてください」とおっしゃいました。

ぼくは、だんごがういたりするだろうか、とおもってまっていると、ほんとにういてきました。ぽかりぽかり、つぎつぎにういてきました。

「にいちゃん、おもしろいなあ」と、おとうとがいいました。ぼくは

「うん」

といってかんがえました。

そこへおかあさんがもどってこられました。ぼくがたずねると

「さあ、どうしてだろうかなあ、おかあさんもよくわからないけど、おだんごの中のくうきが、あたたまって、ふくれるので、かるくなったところを、おゆのちからで、上におすのでしょう」

とおっしゃいました。そのとき、おとうとが、

「ぼくはわかった。おしりがあついからあがるんだ」

といったので、ぼくもおかあさんも、大わらいしました。

この日の母の日記は次のように書かれている。

八月十四日

私がお団子をしているとき、来客があったので、子どもに、お団子が浮いたら、黄粉の上においておくようにといいつけると、二人はとても喜びました。

やっと用事をすませていってみると、「おかあちゃん、お団子はなぜ浮くんだろう」

という。さあ困った。お団子の中の空気がふくらんで軽くなり、熱の圧力で押し上げられるんだろうか。どうもわからない。二人の子らは、いろいろいいあっている。すると弟の方が、

「アッわかった。お尻があついから上がるんだ」

とさも合点したようにいう。大笑い。

「おとうちゃんが帰られたら聞こうね」

といっておく。

（この後、東井は）この手記を読んでいると、私は、各教科の学力を伸

ばす上に、「生活の論理」をそだてることが、どんなに大切なしごとか、ということと共に、「生活の論理」は、家庭の協力なしには、育てえないことを思わずにはおれない。小川の理科が、まず、このように伸びて来たのは、教師の力というよりは、家庭、殊に母親の力のおかげなのだ、と私は思う。

と、記している。この小川親子の日記からも、彼らの家庭が新中間層に属していることが窺がえる。そして、小川の母は、女学校以上の学歴である、と推測される。

小川は、4月には理科の観察として、さくらのいろ、そらまめ、金魚、おたまじゃくし、つばめのかんさつ、あさがお日記、ひかりははねかえる、やまびこ、ねつ（体温）、うちわの理科、おふろの水、うつしえ、はえたたきの理科など、どんどん観察日記を書いて、夏休みの終わりに先に引用した「だんご」に至っている。この根気強さは、驚きである。彼の理科に関する日記は、2学期、3学期と継続されていく。その中での「シンガポールかんらく」である。

もう少し詳しく見ると、たとえば、おたまじゃくしは、5月2日から6月29日まで。つばめの観察は、5月22日から7月19日まで、そして母親の日記には、小つばめが巣立った日には小豆ご飯を炊いて祝ってやるという記事。あさがお日記は、5月5日から9月15日まで　　長期にわたる観察を同時に3個もやっている。以下、あさがお日記の途中の6月26日と最後の9月15を引用しておこう。

6月26日
きょうは雨ふりです。えんにこしかけてあさがおをみました。ぼくらは、早く大きくなれないのに、あさがおは早く大きくなります。つるは60センチほどになりました。ぼくがたけをさしておいてやったのをおいこしてしまって、のぼるところがなくなって、ふらふらしていたので、おかあさんが、なわをひっぱってくださいました。あさがおは、右からまわって竹にまきついて竹をのぼります。どのあさがおも、右からまわってまきついています。あたまの上のふうりんさんが、ちりんち

りんとなっていて、すずしいきもちがします。

コメント　朝顔と自分たちを比べながら、朝顔の成長の早さに驚いている。つるの長さをきちんと測りながら理科的な観察をしている。朝顔は、右巻きに竹を這い登る法則を発見している。ここでも、母親は少し離れて子どもの観察を見守っている様子が窺える。

　この日記に、東井は、「いつも、珍しい、不思議なことを見つけるね。小川君の目はいい目だな。」という評価をし、彼の不思議発見能力を「ねうちづけ」ている。ひょっとすると、東井も朝顔が右巻きに這い登る法則は知らなかったかもしれない。こうして、小学2年生であろうが、想定外の発見をすることが多々あることを東井は識っていったものと思われる。

> 9月15日
> たねがたくさんできました。たねになるあさがおは、ぼんさんに一本けがはえたようです。ぼくは、たねがじゅくしたら、ぼくらの水ようぶんだんにもっていって、らい年は、水ようぶんだんぜんぶであさがおをそだてます。大ぶんちゃいろになっているたねもあります。花もつるもかれてしまっても、このたねは、かれないでのこっていて、らいねんがんばるのです。しんぼうづよいえらいたねです。

　種になる朝顔は、ぼんさん（坊主頭に）に一本毛が生えたような姿は、田舎生まれの私にも今でもはっきりとイメージできる。ところで、ここに出てくる水曜分団とは、第一章で触れた東井が野村芳兵衛に学んで子どもたちを分団に分けて、授業でも、放課後でも生活指導した方法。小川は、生活指導の分野だが来年はこの朝顔の種を分団全員で育てようとしていることがわかる。これが、4月当初威張って学級を支配していた小川が、変わっていく過程でもある。——これも、東井が「訓育的教授」実践を積み重ねた結果、と判断して間違いなかろう。東井が実践した生活綴方的教育方法は、このように「陶冶と訓育」が統一された形の教育であることが特徴である。

　このように東井は、子どもたち60数名一人ひとりの観察日記に「先生も同感だ」「よく見つけたね」「すばらしい発見だ」と丁寧に自分の考えや気持

ちを書いて返していく。

　もう一つ、先に触れた小つばめが巣立った日には小豆ご飯を炊いて祝って
やったという母親と小川本人の日記を、紹介しておこう。

母親の日記
7月19日、子つばめが巣立ったので、小豆ご飯を炊いて祝ってやる。
どうぞ丈夫でそろって来年も来ておくれと祈る。子どもたち（小1の
弟と二人兄弟─引用者）に、ずいぶんいろいろなことを教えてやってく
れたつばめたち、もうゆうべから帰らない。「今夜はどこでねるのだろ
う」と子らはさびしそうにしている。

7月25日小川の日記
つばめの赤ちゃん、もうもどってこないけれども、ぼくが学校のうん
どうじょうであそんでいるとき、うんどうじょうに、虫をとりにきて
いましたぼくは「おうい」といってやりました。つばめの赤ちゃんは、
ちょっとぼくのほうをみたようでした。でも、やがてとんでいってし
まいました。

　東井が、小川の延びてきた原因が、教師の力より、家庭とりわけ母親の力
と認めざるを得ないところが、この辺にあるのではなかろうか。子どもがつ
ばめの巣を観察し始めれば、母親も観察日記をつける。巣立ちを祝って小
豆ご飯を炊き、来年もまた来てねと祈る母。4月には「花びら5枚、おしべ
何本、めしべ何本」と教え込んでいた母親が4ヶ月ほどでここまで変わって
くる。小豆ご飯に象徴されるように子どもと共に、つばめの観察「生活」を
送っている。東井から冷たいと評された小川も、運動場の上を飛ぶ子つばめ
に──彼の家から巣立ったのか定かでないのに「おうい」と呼びかける温か
い心をもつようになっている。

　親の日記は小川の母だけではなく、多くの親も書いてくる。それらを東井
は、文集に載せる。それを母親たちが読む。また、その読後感などが○○の
母の便りとして提出される。それを、彼はまた文集に載せていく。こうして、
教師・子ども・親の共同文集『日本の新しい芽たち』はますます内容豊かに

なっていった。

　なお、この小川は、最初「今度の先生は、勉強のあかんものばかりかわいがられる」と母親に告げている。それに対して東井は、「今まで、どうも、優等生だけが大事にされてきた」「遅れている子ども、暮らしの貧しい家の子どもが粗末に扱われすぎてきた」これは「単に、遅れた子ども、貧しい家の子どもの不幸にとどまらず、優等生そのものも正しい教育を考える立場から見て、優等生自身の不幸である」と小川の母親に語っている。どの子も平等に扱われなければ、真の賢さも育めない、という東井の強い信念が窺える。このような学習環境の中で、もう一人の威張っていた（裁判所検事の息子）溝上も，そして検事自身も変わっていくという形で、親・子・教師のコミュニケーションのサイクルができあがる。この文集に、母親たちがいかに感謝していたか。それは、戦時中の極端な紙不足の時代、文集の紙代に使ってほしいと匿名の為替が東井に届けられていることからも明らかであろう。これも、『土生が丘』の原型と言える。

　このように、2年生を担任した1年間、東井は「真剣に、幼い子どもたちの理科教育にとり組んだ。戦争が日ごとに深刻化し、出版事情もむずかしくなって、ついに世の中には出なかったが「科学する心の芽生え」と称する当時の実践記録の原稿は、今も大切に私の筐（細かく編んだ竹籠）にしまわれている。」と別の書で記している（著作集　5、90）――2020年に、私は東井家の書斎で探させてもらったが、この竹籠を見つけることはできなかった。が、小川をはじめとするこの2年生の子どもたちの綴方や観察日記が戦後出版された本で多数紹介されていることがその証、と考えてよかろう。さらに、ここで東井が「科学する心の芽生え」の実践記録を自ら進んで出版したいと考えていたことに、私は注目したい。出版したいと考えたのは、『学童の臣民感覚』より2年も前。この実践記録が出版されておれば、これこそ東井のすばらしい処女著作になるはずであった。

クレパスのねだん
　小川以外で私の印象に残っているのは、「クレパスのねだん」と「桑原たちの算数」だ。検討してみよう。

［**クレパスのねだん　「くらしの算数」**］（小学2年）（著作集　3、57）

　きょう、クレパスをかいにいきました。かったら早くかいてみたくなりました。かえる道で、ふと、一本のクレパスはなんえんだろう、とおもいました。一本一えんなら、十二本では、十二えんにならんならんので、こんどは二えんかとおもいました。二えんなら二十四えんになるからちがいます。そんなら三えんかもしれないとおもいました。三えんなら三十六えんになってしまいます。ぼくは二えん五十せんかもしれませんとおもって、かんがえました。一えんが十二で十二えんだから、五十せんだったらそのはんぶんで六えんです。それで、一本二えん五十せんにすると二十四えんと六えんですよ。ぼくのクレパスは三十一えんだから、まだ一えんあまります。ぼくはこまりました。それで、一えんははこだいとかんがえました。

　この「くらしの算数」は、東井の生活綴方教育の典型と言える。除法をまだ習っていない2年生の岩本成明が一生懸命に考えて、2円50銭にしてもまだ1円余る。これは箱代しかない、と考えるこの「かしこさ」には驚く。これこそ、東井が求めた「かしこさ」の顕現といえる。彼が綴方を土台にして「みんなでのわけあい・磨きあい」の学びをしている結果、と私は判断している。東井が鍛えようとしていた「内発的積極的計画的構想力整理力等」の諸力の内実、である。

　彼は、子どもの綴方に対する指導言として、「指導言というよりは、子どもたちが話しかけてくるのに対して、うんうんとうなずき相づちをうち、子らの喜びをわが喜びとしておしゃべりするにすぎないようなものであったようだ。だが、低学年では、ここに、子らに元気を出させるコツがありそうだ」と記している（著作集　3、38）。──戦後のことだが、戦前の綴方＝大関松三郎（1926～1944）が綴った「山芋」を寒川道夫（1910～1961）が大幅に赤ペンを入れ、二人の合作であるにもかかわらず「大関松三郎の山芋」だと主張した指導法とは全く違う（太郎良信『「山芋」の真実』教育史料出版会、1996、参照）。

　もう少し、私の分析を加えておこう。岩本は、自分でクレパスを買いに行き、早く絵をかいてみたいとワクワクしながらの帰り道で、「ふと、1本い

くらだろう?」と自分で「問題の自己提起」（デューイ）をしている。主体的な学びの始まりだ。この場面は、「花子さんは12本入りのクレパス（箱入り）を31円で買いました。さて1本いくらでしょう」という算数の文章題を宿題として解くのとは、わけが違う。先生から課題を出されて解くケース＝「やらされる学習」とは、全く異質の状況である。

　この子どもが、帰宅する途中で、自ら進んで1本いくらか計算してみたくなった。自分で問題を発見した。自分で発見した問題だから、何としても自分で解いてみたくなる。割り算を習っていないから解けない、余りがあるからもうできない、とすぐにあきらめ、投げ出したりはしない。この種の解いてみたい、計算してみたいという強い気持ちこそ、それだけこの問題がこの子の主体に「たぐりよせ」られている証拠といえる。小学2年生のこの子は、まだ除法は習っていない。それでも、いくらだろうと一生懸命考えて、2円50銭として計算してもまだ1円余る。困ってしまった彼は、最後にはこれは箱代しかない、という結論に至る。ここまでの粘り強さは、彼一人の力ではなく、先に触れた小川哲をはじめとする長期にわたる観察日記を文集でクラスのみんなが識っていた⇒そして自分も小川のようにみんなに認められる綴方を書いてみたい、いや自分にもかけるはず、という「みんなでのわけあい・みがきあい」の状況の中にいる影響が、大きかったのではないか。岩本の綴方の「他人に話しかける」ような書きぶりから、私はそう判断している。

　それと、1円の半分が50銭であることは、何度もお使いに行って、おつりとして50銭を渡された生活経験がある当時の小学生なら、生活経験として普通誰でも知っている。学校の算数で1/2＝0.5ということは習わなくても、つまり、除法を習わなくても、1円の半分は50銭ということを生活経験として知っている。東井が言う「生活の論理」だ。この事実を、東井は子どもに生活綴方を書かせることで顕わにした。「教科の論理」だけでなく「生活の論理」も同様に重視した東井の教育実践の賜物、といえる。Paulo Freire（1921 ～ 1997）の「被抑圧者の教育学」に通じる教育実践である。

桑原たちの算数

　「クレパスのねだん」に続いて最後にもう一つ、桑原の「はかってみる算数」・「なんぼあるかしらべ」を検討してみたい。色々なものを測り、表を

作っていた桑原、たとえば「私たちのくみをしらべる」ノートに対して、東井は、次のような励ましを送っている（著作集　3、51～57参照。なお、「桑原たちの算数」は、寒川道夫等との共著『教師の仕事3』明治図書、1957が初出）。

　めだまのくんしょうだ。ぼくらのきょうしつの中にでも、いろいろな数がたくさんあるんだね。せんせいがまだ1どもかぞえてみたこともない数も見つけているね。こんどは、かぞえるだけではなく、はかってみるさんすうもやってみるといいな。

　このような教師からのファシリテートがあった後で、次のような表を桑原は作ってきた（著作集 3、56）。

　はかってみたらこのひょう（図6）のようになりました。1ばんたくさんなのは、ぼくの家から学校までです。144ぽあります。そのはんぶんのところは72ほです。それはどうしてかといいますと、はじめ144ほの44ほだけをどけて100のはんぶんは50になります。こんどは44ほをだしてきて、4をどけといてかんがえると40のはんぶんは20になります。つぎに4をだしてきてかんがえると、4のはんぶんは2になります。それで、はんぶんばかりをみんなよせますと50と20で70、70と2で72になります。

図6　なんぽ（歩—引用者）あるかのしらべ

どこからどこまで	なんぽあるか	と中（途中）のまん中へん
ぼくの家—じんむ（神武）山	51ぽ	25ほはん
ぼくの家—学校	144ぽ	72ほ
たたみ1じょう	1ぽはん	はんぽと30センチ
ラジオのあるへやのまわり	10ぽ	5ほ

　学校のつぎにたくさんなのは、じんむ山までです。じんむ山までは51ぽです。そのはんぶんをどうしてしらべたかといいますと、50のはんぶんは25です。25をみつけるのに、1ばんはじめ、50から10をどけ

ておいて 40 にし、40 のはんぶんをかんがえると 20 になります。その 20 に、さっき、どけておいた 10 のはんぶんをよせると 25 になります。そうやってかんがえました。1 ぽのはんぶんははんぽですから、51 ぽのはんぶんは 25 ほはんになります。<u>そのほかはすこしだから、はんぶんをみつけるのはたやすかった①</u>です。

　まだ除法の算法を知らない桑原は、こうして、自分のたくましい「生活の論理」で、除法の算法にまでくらいついていった。上の桑原のノートを見てほしい。ここでもクラスのみんなに語りかける口調＝「みんなでのわけあい・みがきあい」に使えるノートの書き方であることがわかろう。こんな授業の雰囲気が、他の子どもたちの「生活の論理」をもゆり動かし、先の岩本の「クレパスのねだん」も生まれてきた、と考えられる。
　この「表づくりの算数」がどれだけ優れているか。新しい国民学校の『カズノホン　四』の当該箇所──「第二節　門から教室まで」は、国民学校に制度が変わっても緑表紙教科書『尋常小学算術』と同じ内容が継続されていた。緑表紙教科書の唯一現役訓導の編集協力者高木佐加枝が1936年に著した教師用指導書『尋常小学算術書活用と補充』（賢文館）を見てみると、

　　児童に歩数に依ってその距離を測らせ、実地について指導…歩数で距離を測り、其の結果の考察から二位数に二位数を加減して一位数から繰上がる場合、および繰下がりを要する計算を指導する。…実際には、門から入口までと入口から教室までの 2 問で実測せよ…（その他）畠、付近の道路、神社等、日常児童の接するものを実測させ…<u>本項と同様な計算の問題を作ろうとすると、現在取り扱い得る計算の範囲を超えやすいから、実際に測らせる仕事は、単に記録をとるだけにとどめるがよい</u>（下線─引用者。つまり、二位数と二位数の加法で、繰り上がって三位数になっては 2 年生教科書の範囲を超える）＊。
　　＊緑表紙教科書『尋常小学算術』については、豊田ひさき（2020）「塩野直道と『尋常小学算術』」（豊田著『「学びあいの授業」実践史』風媒社、所収）に詳しい。

　ところが、先の桑原は、三位数の144の半分を計算して、除法までやって

いる。2年生で扱う教科書の指導範囲を大幅に超えることを、桑原は難なくやり遂げている。なぜ、桑原にそれができたのか。その秘訣は、先の桑原の「なんぼあるかしらべ」のノートの書きぶりが、教師だけでなく、みんなに話しかけるようになっていることにある。だからその前の岩本の「クレパスのねだん」も生まれることができたのではないか、と考えられる。それに、桑原は下線①で「そのほかはすこしだから、はんぶんをみつけるのはたやすかった」と言っている。桑原があれだけできるのなら、僕もチャレンジしてみようと張り切ったのが、岩本の「クレパスのねだん」であったのではないか。岩本が計算した「はんぶん」と桑原の「ぼくの家—学校、144ぽのはんぶん」を計算することには、段差はない。実際には、桑原の計算の方が、岩本の計算よりも難しかったかもしれない。

生活綴方的教育方法

これらのことが可能になった要因は、東井の学級には、小川哲らの長期にわたる観察ノートを作成する風土があり、桑原や岩本らの「半分をひねり出す」思考活動の高い質があり、東井が完成させていた

【ひとりしらべ⇨みんなでのわけあい・みがきあい⇨ひとり学習】

という「学びあい」のシステムが東井の授業において確立されていたことにあった、と結論することができるのではないか。とりわけ、子どもたちは、教師だけに向かって答えを発表していく speak to の授業ではなく、「みんなでのわけあい・みがきあい」に自分も役立ちたいと「ひとりしらべ」をやり・発表していく talk with のみんなでの「学びあい」の授業に慣れ親しんでいたことにあった、と判断して間違いないのではないか。そしてこれが、東井特有の学級づくり・仲間づくりによって子どもたち一人ひとりの「学習意欲」も盛り上がる具体例だ、と私は考えている。このように、具体的な実践でもって、「学級づくり・仲間づくりと学習意欲の盛り上がり」を東井は示している。この実践事実を、飯田らは読み取れなかったのであろうか。

もう一つ、付け加えておきたいことがある。それは、【ひとりしらべ⇨みんなでのわけあい・みがきあい⇨ひとり学習】という「学びあい」のシステ

ムは、東井が独自に考え出したものではない、ということだ。これに通底するような子どもの自主性・主体性を重視する授業展開法は、大正新教育＝日本版新教育運動期にいくつかの小学校で試みられていた。一つだけ紹介しておこう。

　大正新教育の先導的推進校であった奈良女子高等師範学校附属小学校訓導清水甚吾（1884 ～ 1960）は、「真の自発活動」を促す学習法を実践し、それを著書『実験実測作問中心　算術の自発学習指導』（目黒書店、1924）にまとめている。彼が構想している「自発学習」のメルクマールは、私なりに要約してみると以下の5点となる。清水の実践については、豊田ひさき「清水甚吾の算術授業改革」（豊田ひさき『「学びあいの授業」実践史　大正・昭和前期の遺産』風媒社、2020）参照。

　その1は、教師の課題命令を待たずに、自ら学習の目標を定め、其目的を自覚した目的活動をする、こと。これは後に木下竹次（1872 ～ 1946）主事が言う「子どもが学習材料をとる」ということ。別言すれば、教師が出した課題、あるいは教科書の課題を解いていく「やらされる学習」ではなく、「自ら進んで学ぼうとする学習」のこと。

　その2は、自ら定めた目標に達する、つまり、自分が立てた課題を解決するための計画を立てる。計画の中身は、研究の立案・工夫。主体的な学びの核心と言えよう。

　その3は、自分が立てた計画を実行するために、自ら実験する、実測する、つまり試行錯誤しながら思考する、想像する、かくして新たに学んだ結果を皆にわかってもらい、認めてもらうためには、いかに表現すればよいか、と考え工夫する。

　その4は、こうしてたどり着いた結果（解）は、本当にこれでよいのか、学級の仲間からの問い糺しや、批評に耐え得るものであるか、という振り返りを行う。この時、子どもたちの発言は、教師が出した問いに答えるために教師の方を向いているのではなく、（教師を含んだ）学級の学び仲間の方に向けられていることにも注目したい。かくして、主体的な学びは、同時に、対話的な学びを呼び込む必然性を含みもっている。

　ここまでが「独自学習」のプロセス。その5として、教師を含んだ学級の仲間からの質問・批判・批正⇨それらに対する応答⇨承認という「相互学

習」を経て、最後に再び以上の全過程を通して本時の学習を振り返る「独自学習」をして学びの1サイクルが終了する。なお、この最後の「独自学習」は、授業の最後に行われる場合と帰宅してからの作業になる場合がある。

こう整理してみると、清水が実践したこの授業展開法は、10数年後に東井が行った【ひとりしらべ⇨みんなでのわけあい・みがきあい⇨ひとり学習】の「生活綴方的教育方法」と通底していることがわかろう。

余談：クレパスの値段

かつて大学院の授業で、この「クレパスの値段」を問題にしていた時、院生から「このクレパスの値段、高すぎるのではないか」という疑問が出た。確かに、岩本が実際に1941年に書いたとすれば、値段が合わない。当時（1940年）の物価は、そば・うどんが1杯15銭、旧制中学卒の初任給が42円。そんな状況下、児童用文房具のクレパスが31円などということはあり得ない。しかもそれだけのお金を子どもが手に持って、一人で買いに行くなどということは、なんぼ街の子であろうと、さらに不可能であろう。先の1940年の物価統計を観てみると、12色の学童用クレヨンの値段は31銭である。私にとっては懐かしい大阪府立中之島図書館の社史コーナーで「サクラクレパス」の『社史』を調べたところ、クレパスとクレヨンの値段が等価であったことがわかった。クレパスの値段が31円になるのは、物価統計で調べてみると、1947〜48年である。この時期に、先の岩本、桑原、小川らと授業をした時の感動が忘れられなかった東井が、この岩本の「クレパスのねだん」を何かにメモした、と考えるのが妥当なのではないか、という推定が成り立つ。

実は、この1947年という年は、東井にとって忘れることのできない年となる。この年は、東井が「教員適格審査」にパスして、母校である相田小学校で、本格的に出直しの教育を始める年だからである。

小括

子ども一人ひとり、「生活の論理」をささえる条件が違い、「生活の論理」も違う。しかし、その違いはよく考えてみると、一人ひとりが、うなずい

てやらねばならぬ論理をもっている。だから、それを、みんなが出しあって、話しあってみると、「なるほど、そういう見方、考え方もあるなぁ」ということになる。このように考えて、東井は先のような結論に達する。

　この東井のまとめで、私が最も注目するのは、以下の文言である。

　一般の通念からいうと、教師というものは、子どもにものごとを教えるもの、子どものまちがいを正してやるもの、ということになっていると思う。しかし、子どもの言い分を聞き、子どもの書いているものを読んで、

　「なるほど、そうだなあ」

と、教えられ、育てられるのは、毎日のことである。もちろん、子どもの方でも、教師から学びとってくれるところがなければならないが、教師も子どもによって育てられるのが、教育活動の事実である。

　この育ちあい、磨きあいは、ぜひとも、子ども相互の間でも繰り広げられねばならない。磨いてくれるもの、育ててくれるものを「教師」というなら、「子ども」をとりまく「子どもたち」ほど適切な「教師」はない。（著作集　2、192より）

【磨いてくれるもの、育ててくれるものを「教師」というなら、「子ども」をとりまく「子どもたち」ほど適切な「教師」はない。】

　味わい深い言葉ではないか。全ての子どもにわかる授業づくりをしていく核心は、学級で一緒に学びあっていく学習集団づくりだ、と私は了解した。

　この種の授業実践のクライマックス＝「光」の部分が、豊岡小最後の2年生の授業であった。東井の主著『村を育てる学力』の基礎は、こうして戦前の授業実践で既に確立されていた、というのが本章の結論である。

　『村を育てる学力』の基礎は戦前の豊岡小最後の実践までに確立されていた、という私の判断を後押ししてくれる東井自身の言葉を以下に引用しておく。これは、東井が『村を育てる学力』を出版した翌年に出した『授業の探求』（1961）の解題である（「著作集　4」338）。

「村を育てる学力」の中でも一貫して述べてきたように、教科書に書かれている内容を子どもの頭に移し変える作業などは「授業」とは言えない、というのが、私の考えである。「人間」を育てること、「人間」をほんとうの「人間」にしていくこと、ひとりひとりにひとりひとりの尊厳を目覚めさせ、生まれてきてよかった、といえるような生まれがいを目覚めさせ、うまれがいをきり拓かせる仕事、そして、ひとりひとりの尊厳を大切にしあうような「家」や「世の中」や「国」をつくることのできる「人間」を育てる仕事、それが「授業」というものでなければならぬ、と私は考えてきた。子どもの頭に何かをくっつけたり詰め込んだりすることよりも、子ども自身に「はてな?」「なぜかな?」と問題をもたせ、「こうかもしれないぞ!」と予測させ、「こうしたらどうなるだろうか?」と、やってみさせ、「でも、いつでも、どこでもこうなるのだろうか?」と確かめさせ、「なるほど!」と大きくうなずかせ、「人間」の在り方そのものを変えていく仕事をこそ、「授業」の中で目ざしてきた。が、そのためには、教師の方も、教師の在り方ぜんたいをひっさげて、子どもにぶつかっていかねば、それを期待することはできない、ということを、私は、言いたかったのである。

　東井が、戦後に書いたこの授業観に耐えうるだけの質の高さを本章の授業実践は十分にもっている、というのが私の結論だ。と、同時にだとすると、木村の次の言説も怪しくなってくる。
　木村元（2008）「東井義雄の戦中・戦後経験とペタゴジー」は「東井の戦後の教育実践は、敗戦後きわめて早い段階に形づくられた枠組みの上に展開している。」（木村元「東井義雄の戦中・戦後経験とペタゴジー」（三谷孝編著『戦争と民衆─戦争体験を問い直す』旬報社）と述べている。が、木村はそれが何時なのか、何によってそれが証明されるかまでは言及していない。私は、本章の考察を通して、木村の言う「戦後初期急速に」ではなく、戦中の豊岡小最後の授業実践までに、東井は先のような授業を支える哲学に確実に到達していた、と判断したい。
　なお、［余談:クレパスの値段］は、「余談」ではなく、次章へつながる仕

かけである。

　最後にもう一つだけ付け加えておく。先の東井（1961）『授業の探求』は、その前年に国土社から出された齋藤喜博（1960）『授業入門』と関連付けて、1912年創業の教育書老舗出版社明治図書が、国土社に対抗する意味で東井に出版を依頼したもの。1960年代は、優れた教育実践家を角力の番付に例えて、東の横綱が群馬県の齋藤喜博、西の横綱が兵庫県の東井義雄、というのが教育関係者の間での位置づけであった。齋藤は、東井より一つ年上の1911年生まれである。

　（本章の第1・2節は新たな書き下ろし。第3節は拙著『東井義雄の授業づくり』
　の第1章「『村を育てる学力』の原風景」に大幅な加筆・修正を加えた。）

（註）
飯田勝美・汲田克夫・坂元忠芳「研究書評　東井義雄氏が我々に示唆するもの」
　　（『教育』1959年1月号）。
植村善博（2014）「1925年但馬地震における豊岡町の被害と復興過程」『佛教大学歴
　　史学部論集』4。
木村元「東井義雄の戦中・戦後経験とペタゴジー」（三谷孝編著『戦争と民衆―戦
　　争体験を問い直す』旬報社、2008）。
桑原万寿太朗（1958）「理科教育雑感」（『教育と医学』3月号）。
齋藤喜博（1960）『授業入門』国土社。
サクラクレパス社史編集会議編集（1991）『サクラクレパスの七十年ありがとうを
　　色に、感動を未来に。』。
太郎良信『「山芋」の真実』教育史料出版会、1996。
東井義雄（1944）『学童の臣民感覚』、時代社。
東井義雄著作集1。
東井義雄著作集3。
東井義雄著作集4。
東井義雄著作集5。
東井義雄著作集7。
『豊小88年史』1962。
豊田ひさき（2016）『東井義雄の授業づくり　生活綴方的教育法とESD』風媒社。
豊田ひさき（2020）『「学び合いの授業」実践史　大正・昭和前期の遺産』風媒社。
中内敏夫・原芳男（1962）「教育者の転向―東井義雄」（思想の科学研究会編『共同
　　研究　転向5』平凡社）。

第3章　相田小学校初期の授業実践

はじめに

　東井義雄は、新しい学校教育法に基づき1947年4月30日付で相田小学校に着任する。①東井の人事発令が、新しい学校教育法が施行された4月1日でなく、なぜ4月30日付けなのか。これは、GHQ指示「公職追放（ホワイトパージ）」の一環として為された「教員適格審査」に関係しているのではないか、という仮説を可能な限り証拠づける資料を挙げながら検討していくことが本章第一の課題である。

　②もう一つの課題は、『村を育てる学力』の「あとがき」で、「戦争中に出した『学童の臣民感覚』で、ものを書くということがどんなに責任のあることかということを、思い知らされた…（中略）…よほどのことがなければ、書くまいと思い、自戒し続けてきた」東井が、同書出版に至るまでの間に、出版を強力に推した人物がいるはず。それは誰か、またその人はなぜ出版を勧めたのか、を可能な限り究明することである。

　③そして、この時期、相田小学校に於ける東井の授業実践を丁寧に分析することが、第三の課題である。

第1節　教員適格審査

二通の辞令

　東井義雄記念館初代館長宇治田透玄（東井の長女の夫）が、2001年『東井義雄教育の原点』（423）に「『土生が丘』前後の歩み」という貴重な論考を寄せている。そこに、以下の記述がある（下線—引用者）。

　　○昭和22年4月1日学校教育法に依り合橋村立唐川小学校教諭に補せられる。

○昭和22年4月30日合橋村立相田小学校教諭を命ぜられる。

　唐川小（国民）学校は、彼が戦時中の1944年からの勤務校。相田小学校は、彼の母校。同じ村内の小学校でありながら、なぜ一方は「補せられる」で、他方は、「命ぜられる」なのか。この点について、宇治田は「どんな理由があったのか」としか記していない。だが東井本人は、これに関して『著作集1』の「解題」（289）で次のように述べている。

　　教員適格審査委員会の審査を待つまでもなく、私は積極的な戦争協力者であるから、進んで職を退くべきであると考え、庭に記念の「やぶこでまり」の木を植えた。…（中略）…
　　他の人たちの審査が終わり、「適格」という判定が通知されてきても、私には音沙汰がなかった。当然のことであると思った。が、とうとう私にも「適格」の判定が通知されてきた。意外であった。あとでわかったことであるが、私などの考えも及ばないような多くの人々が、みな、一様に、「適格」の判定に持ち込むために有利な証言をし、尽力し、奔走してくれたということであった。それが分かってみると、もう後へは退けなかった。それらの人々の行為に報いるためにも、出直す以外ないと思った。栄達も名誉もみんなすてて、村の子どものしあわせのために生涯を捧げようと思った①（下線—引用者）。

　ここから、唐川小学校は「補す」、相田小学校は「命ず」とされた理由が、この教員適格審査に関係していたことがわかる。4月1日の「補す」の時点では、まだ「適格」の判定が下りず表向きは「保留」の状態であった。引用下線からも明らかなように、東井は、「不適格」を「当然」と覚悟していた。
　ところで、教員適格審査とはいかなるものか。遡って検討してみよう。それは、「昭和21（1946）年5月7日、昭和20年勅令第542号「ポツダム」宣言ノ受託ニ伴ヒ発スル命令ニ関ル件ニ基ク教職員ノ除去就業禁止及復職等ノ件（勅令第263号）の第一条又は第二条の規定に基づいて、教職不適格者として指定を受けるべきものの範囲は、別表第一又は別表第二による。但し別表第一による指定は、別に定めるところの審査会の審査判定に従ってこれを

行ふ。」に基づいて設けられた委員会である。別表第一を、以下に挙げておく（下線—引用者、教員適格審査に関しては、『戦後日本教育史料集成　第一巻』、442〜457参照—以下同じ）。

審査委員会
兵庫県の場合、この審査委員会は

教員代表：田岡新（神戸市神戸国民学校長）、石原力（武庫郡御影第一国民学校教頭）、植永順次（神戸市平野国民学校教頭）、豊田和子（西宮市芦屋国民学校訓導）、久村英夫（神戸市長田青年学校長）、亀井万三郎（兵庫県立第一神戸中学校教頭）、朝野アウ（私立松陰高等女学校教諭）
各界代表：岡部又蔵（神戸商工会議所理事）、辻本武兵衛（兵庫県農業会役員　後、中田定治）、鈴木浩二（キリスト教会牧師）、島田竜逸（祥福寺住職）、奥儀光（神戸電鉄勤務）、西牧ユキノ（兵庫県婦人会役員）

の13名で構成された（『兵庫県教育史』、728）。

［別表第一］

> 教職不適格者として、審査委員会の判定に従って指定を受けるべきものの範囲は、次のやうである。
>
> 一　講義、講演、著述、論文等言論その他の行動によって、左の各号の一つに当たる者。
>
> 　　1　侵略主義あるひは好戦的国家主義を鼓吹し、又はその宣伝に積極的に協力した者及び学説を以て大東亜政策、東亜新秩序その他これに類似した政策や、満州事変、支那事変又は今次の戦争に、理念的基礎を与えた者。
>
> 　　2　独裁主義又はナチ的あるひはファシスト的全体主義を鼓吹した者。
>
> 　　3　人種的理由によって、他人を迫害し、又は排斥した者。
>
> 　　4　民族的優越感を鼓吹する目的で、神道思想を宣伝した者。
>
> 　　5　自由主義、反軍国主義等の思想を持つ者、又は何れかの宗教を信ずる者を、その思想又は宗教を理由として迫害し又は排斥した者。
>
> 　　6　右の何れにも当たらないが、軍国主義、あるひは極端な国家主義を鼓吹した者、又はそのような傾向に迎合して、教育者としての思想的節

操を欠くに至った者。

二　ナチ政権あるひはファシスト政権又はその機関の顧問、嘱託その他これ
　　と特別の関係を持ちその政策を行ふことに協力した者。

三　連合国軍の日本占領の目的と政策に反対の意見を公表し、又は右の目的
　　と政策に反対させるために他人を指導した者。

四　公官吏であって、その職務を行ふにあたり宗教を迫害し、又は弾圧した者。

五　軍国主義的又は極端な国家主義的意図をもって、教科用図書又は教育に
　　関する刊行物の編纂に当たった者。

六　昭和三年一月一日以降において、日本軍によって占領された連合国の領
　　土内で日本軍の庇護の下に、学術上の探検あるひは発掘事業を指揮し又
　　はこれに参加した者。

　審査委員会は、1946（昭和21）年8月19日から開始され、翌47年3月まで県下2万人ほどの全教員の審査がなされた。なお、「教職員の適格審査において、審査委員会に於る審査は公表しない」という指示が、1946（昭和21）年7月23日付で国の適格審査室長から出されている。この縛りのため、審査会の詳しい審議過程は今でもほとんど不明のままである。

　少し横道にそれるが、長野県の審査委員であった森本弥三八が1977年に『戦後教育の出発　長野県教員適格審査委員会の記録』（銀河書房）を出している（出版時、信州大学名誉教授）。なお、森本は、1906年生まれで広島文理大卒、広島高師教授を経て、1944年から長野工業専門学校（信州大学工学部の前身）教授で、審査委員会には同教授の肩書で参加している。同書には、県適格審査会に対して多数の投書があった、と記されている。また、小林洋文が森本の書に基づきながら「敗戦直後の長野県における教員適格審査:軍国主義者の教職追放」（『長野県短期大学紀要』36号、1981）を書いている。

　先述したように東井が「私などの考えも及ばないような多くの人々が、みな、一様に、「適格」の判定に持ち込むために有利な証言をし、尽力し、奔走してくれた」ということの中にこの「投書」類も含まれていたものと思われる。そして後述する相田小学校長野村勝治も投書した一人であり、さらに彼は知事にもこの種の投書をしたのではないか、と筆者は密かに推測している。

　兵庫県の場合は、『兵庫県教育史』（723～724）によると（下線―引用者）、

さて審査が進むにしたがって、委員会の空気は（「不適」を多く出せという外圧で）しだいに重苦しいものとなった。そして（昭和22年─引用者）3月ともなると、いよいよ大詰めとなって、いわゆる大物ばかりが［非審査者表］に名を連ねていた。こうなると審査は一日に5名とはかどらなかった。各委員論議を尽くしてもなお決せず、規定にしたがって評決が行われる。「適」「不適」の差が少ないと、委員長は慎重を期して「保留」を宣する。また次回に新しい資料があって好転したり、考え方が変化して、もう一度審議のやりなおし…（中略）…このようなことがたびたびつづき、昭和22年3月半ばの某日、ついに18名が「不適格」と判定されたのである。

　しかしこの18名中、7名は中央教員適格審査会の判定や「原審さしもどし」による県委員会の再審査で取り消しとなり、結局県下で11名が教職を去るべく決定づけられた…（中略）…不適格の理由となった主なものは著書によるもの6、論文などによるもの4、その他1で、著書にせよ、論文にせよ、活字として残されたものは、動かしがたい証拠となった、という状況であった。

　「昭和22（1947）年3月半ばの某日」とあるのは、先の「審査委員会に於ける審査は公表しない」という縛りのため。また、「不適格の理由となった主なものは著書によるもの…（中略）…著書にせよ、論文にせよ、活字として残されたものは、動かしがたい証拠となった。」という文言からも明らかなように、東井の『学童の臣民感覚』（1944）は、別表第一の［一の1］に当たる「動かしがたい証拠」であるはず。先の「昭和22年3月半ばの某日」は、東井が「他の人たちの審査が終わり「適格」という判定が通知されてきても、私には音沙汰がなかった。」という時期と考えてよい。つまり「18名が『不適格』と判定され（たが）」、「審査は公表しない」という縛りのため内部「保留」とされていた時である。

　「公表」されなくても、神戸新聞但馬版には、東井義雄が最終的に「教員適格審査」で「適」と判定された、という記事ぐらいは載るのではないかと、かすかな期待を以て、豊岡市立図書館に赴き、保存されている4月中・下旬

から5月初めまでの記事を調べてみたが、何も出てこなかった。考えてみれば、この時期は新憲法の下、第23回衆議院議員総選挙が行われて、1947年4月25日が投票日。投票日前後から、新聞はこの国家権力に関わる総選挙記事で毎日大忙し。総選挙に比べて小学校の「教員適格審査」というごく小さな出来事など吹っ飛んでしまうという状況であった、ということを思い知らされた私であった。

審査取り消し

　もう一つ、ここで明らかになったことは、先述したように「18名中7名は中央教員適格審査会の判定や『原審さしもどし』」によって「取り消し」となったという事実である。おそらく、東井の場合、知事によって中央教員適格審査会へ上申され、「取り消し」となったものと考えて間違いなかろう。審査結果を公表しない時点＝知事への内申で、7名の「不適格」を知り得る立場にあるのは知事だけ。内申を受けた知事が、「第一審の判定について文部次官又は地方長官が不当と認めた時には、再審査を請求できる。」（下線─引用者）という「但し書き」を活用して、中央教員適格審査会に上伸した、と判断したい。著書を書いたという「動かしがたい証拠」を否定して、「適格」にするには国レベルでかなり大きな力が働いた、とみて間違いない。それだけ、合橋村の唐川小学校や相田小学校はもちろん、県教育界全体で、さらには日本全体で東井が必要とされていた証拠といえる。

　最初の問題に戻れば、唐川小学校は4月1日付で引き続き同校に勤めてほしいと願ったが、まだ書類上は「保留」であったがゆえに、教育委員会側は「教諭に補す」という辞令しか出せなかった。以前から相田小学校にぜひ来てほしいと狙っていたであろう野村勝治校長は、4月中旬以降「不適格」が「取り消され」たことをいち早く知り、少々強引に「4月30日付で相田小学校教諭に命ず」という人事をするために動いた、と筆者は推定している。野村校長がかように強引な人事をしたのではと筆者が推定する理由については、節を改めて検討したい。

　東井に対して「適格」の判定が下された時期について、本論稿を書き進めている段階で、一つ面倒な問題が生じてきた。それは、2022年4月から私らが取り組んでいる宇治田家から出てきた東井関係の資料段ボール10箱を一

通り調査し終わった2022年10月の時点で、宇治田本人が東井に「適格」の報があったのは、昭和21（1946）年10月7日、と断定している論文を再発見したからである。この指摘は、宇治田（1998）「情熱の教育者　東井義雄」（265）で為されている。しかし、私は、今回調べた資料の中から（＝あれだけ几帳面に、東井は膨大な資料を保存しているにもかかわらず）、この「適格」の報を見出すことはできなかった。それと、この1946年10月7日という日付は、もう一つ、私の腑に落ちない。兵庫県で教員適格審査が開始されたのは、1946年8月19日。そして同年10月7日に、もし「適格」の通知があったとすれば、これは極めて順当な展開ではないか。東井本人が記している「他の人たちの審査が終わり、「適格」という判定が通知されてきても、私には音沙汰がなかった。当然のことであると思った。が、とうとう私にも「適格」の判定が通知されてきた。」と矛盾するではないか。公式に審査が終わるのが、翌年3月某日であることから考えても、前年10月7日の時点で「私にはまだ来ない」と東井がイライラ気をもむ必要はないはず。それにもし、宇治田が記した1946年10月7日が正しいのなら、翌年4月1日付の唐川小学校の人事がなぜ「教諭に補す」であるのか。教育委員会側も堂々と「教諭に命ず」とするのではないか。宇治田の10月7日を考慮に入れると、なぜ同一村内での人事で、一つは、4月1日付で教諭に補す、もう一方の4月30日付では教諭に命ず、とする齟齬をどう解釈すればよいのか。私には、納得がいかない。

　とりあえず、上述の東井に対する「適格」通知は、98％以上の確率で1947年4月中旬頃であったと判断して間違いなかろう、とまとめておく。残り2％を詰める努力は、今後の課題とする。なお、木村元（2008）「東井義雄の戦中・敗戦経験とペダゴジー」も、先の宇治田論文に則って、「適格」の報を1946年10月7日と記していることを、付記しておく。木村が登場してきたことに関して、さらに言及しておきたいことがある。

　それは、木村が上の論文で、「東井の戦後の教育実践は、敗戦後きわめて早い段階に形づくられた枠組みの上に展開している。…（中略）…戦中までに獲得したペダゴジーを反省的にとらえた実践ともとらえられている」と記している。「敗戦後極めて早い段階」とは、いつか、その証拠は何か、について木村は語っていない。この木村のとらえ方に対して、私は前章の小括で

も述べたように、戦中の豊岡国民学校で最後に担任した小川らの2年生の授業実践、ととらえている。本節最初に引用した「（多くの人々が）『適格』の判定に持ち込むために有利な証言をし、尽力し、奔走してくれた」「それが分かってみると、もう後へは退けなかった。…（中略）…出直す以外ないと思った。栄達も名誉もみんなすてて、村の子どものしあわせのために生涯を捧げようと思った」と猛省した時。つまり、忘れられない「クレパスのねだん」の授業を思い出し、何かにメモした1947～8年。彼が、何の違和感もなしに31銭を31円と書いた時、いう推測が成り立つのではないか。

第2節　敗戦直後の唐川国民学校での生活綴方実践

津田左右吉

　津田左右吉は、『世界』（1946年4月号）に「建国の事情と万世一系の思想」を発表する＊。そこで、「万世一系の天皇」説は史実でないことに言及している。私は、2023年2月1日に東井義雄記念館で、新しく出てきた資料の分類・整理をしている時に、津田のこの論稿を東井が全編書写し、自分で製本し、背表紙に「津田左右吉博士論文」と自筆しているモノを発見した。1946年4月に、東井が一人書斎で黙々と書写している姿―書写しながら、自分が戦時中に子どもたちに教えていた諸々のコトが何度も頭をよぎったに違いない―が想像される。

　　＊津田「建国の事情と万世一系の思想」は、津田左右吉（2018）『古事記及び日本書紀の研究』毎日ワンズに全編収録されている。

敗戦直後のエッセイ

　この出来事があった後、彼は「民主教育における農村綴方の在り方」（『国語文化』大和書房、1947年2月）を書く。唐川国民学校最後で敗戦後初めて全国誌（東京の出版社）に掲載された東井のエッセイである。

　このエッセイは次のような文言で始まる。

　　　長い戦いの期間、知らずしらずのうちに侵していた教育上の誤謬の数々を認めざるを得ぬ現在の私であるが、省みて自らを慰め得る唯一のこ

とは、教育の足場が、常に子供のいのちに立つべきものであることを信じ、それを行おうとしたことである。内面生命の解放開顕のために、自らを常にその「呼び水」たらしめんと念願したことである。「文句を言うな」「黙ってせよ」式の封鎖主義のみ横行した当時「叫ばしめよ」「思い、感じ、考え、行わしめよ」と叫び、それを祈念してきたことである。

　重要なのは、彼自身が自分の教育観は、戦前・戦中と戦後も一貫して続いている、と自覚していることである。つまり、『村を育てる学力』の原風景は、戦前からのものであると自己認識していることだ。問題はここで言われている「教育上の誤謬」だ。その誤謬について東井は別のところで次のように整理している（著作集　4、263 ～ 264）。

　「天孫降臨の神話の展開としての国史」（礼拝の国史─引用者）と「進化論に立つ理科」（豊岡小最後の小川らのノートをまとめた実践記録「科学する心の芽生え」─引用者）を、同じ私が教えながら、この二つの教科の間にある根本的に対立する矛盾に気づかなかったのである。「理科の研究授業」も「国史の研究授業」もやったし、微に入り細にわたる批評も受けたが、誰もこの二つの教科の矛盾には、気づかせてくれなかった。自分から気づこうともしなかった、そして、この矛盾を教えることに一生けんめいになっていたのである。ひたすら教育を大事にしているつもりで、教育でない授業を大事にしていたのである。…（中略）…授業というものは、それ（国語）を教え込むことではなく、ひとりひとりの子どもの力を、世界史の歯車回転の力となるようにしていくことだ。そのことにつながってこない授業は教育とは言えない。が、私たちのこのような研究姿勢も、戦争が苛烈になるにしたがって崩れていった。そして、「世界史の歯車を回転させる力につながる授業」ではなくて「逆回転の力につながる授業」にうちこんでいったのである。

　「教育」とは、「教え込むことではなくて、ひとりひとりの子どもの現段階を見きわめ、その力を、ちょっとでも高めることだ。そして、ひとりひと

りの子どもの力を、世界史の歯車回転の力となるようにしていくこと」に努力していたつもりが、戦争が激しくなりいつの間にか「逆回転の力につながる授業」にうちこんでしまっていた、と東井は猛省している。この猛省の決定的な契機は、1946年に彼が津田左右吉の「建国の事情と万世一系の思想」に出会ったことであった、と私は判断している。少し話が飛び過ぎたので、もう一度敗戦直後のエッセイに戻ろう。

児童生命の解放

　敗戦になり、薪炭生産の山から下り、食糧増産の田から上がって教室に帰って東井が感じたことは、

> （同じ教え）子等がものを言わなくなってしまっており、感じず、思わず、考えぬ子供になり下がってしまっていることであった。鉛筆を握っても、文を書きたくなくなり、書くことにひどい負担を感じるらしくなってしまっているということであった。…（中略）…（そうなってしまった）より本源的な理由は、生命の封鎖によるものである、と私は言い切ることが出来る。…（後略）

　そして、東井は次のように覚悟する。

> 私の今の努力の中心は、児童生命の解放にある。感じず、思わず、考えず、言わず、書きたがらぬ子等を、如何にして、感じ、思い、考え、言い、書き、行う子等たらしめるかにかかっている。これは容易なしごとではない。しかしこれほど根源的なしごとはない。これなくして、自余の一切のしごとは無意味だからである。生命の尊厳を開顕することは、民主主義文化建設の基礎工作である。綴り方振興の問題のすべてはここにつながっている。

　ここに私は、豊岡小時代の東井の勢いと覚悟と哲学を感じる。こうして彼は、「子等の内面的生命を開放し開顕するにふさわしい環境を組織する」ことを決意する。別言すれば、彼が豊岡小で始めた生活を綴ること、即ち生活

綴方的教育方法を再開すること。ここに、ぶれは少しもない。それは次の文言からもわかる。

> 子等の生命を封鎖した環境とは、子等の生命、言いかえるなら子供自体を無視した環境のことである。子等の声を聞かず、それに耳をかさず、子等の言葉をとりあげて用いようとしなかった環境のことである。生命を殺し、生命を否定することが善とされ、従順が何よりの徳とされるような環境のことである。ことば、叫びを憎悪し警戒する環境のことである。言いかえれば、綴り方を否定し、少なくとも警戒する環境のことである。

以上のような現状認識から、東井は生活綴方的教育を力強く再開する。それが、文集『田んぼ道』の実践である。直接彼に聞いてみよう。

文集『田んぼ道』

『田んぼ道』の検討に入る前に、どうしても言及しておきたいことがある。第2章冒頭で一言触れた鶴見俊輔は、「大衆の思想　生活綴り方・サークル運動」で、無着成恭『山びこ学校』、小西健二郎『学級革命』、東井義雄『村を育てる学力』の3著のうち、「最も高い成果として『村を育てる学力』を取り上げてみたい。この中に戦後の新しい生活綴り方運動の展開の方法が、非常にはっきりと出ている」と東井を評価している。そして、東井の生活綴方教育(運動)を次のように特色づけている。

1. 生活綴方運動は、戦争が終わってすぐにではなく、しばらくしてから—つまり無着（1951）『山びこ学校』が出たことがきっかけで—注目されるようになった。
2. 状況主義、与えられた状況を受け入れるという立場がある。
3. 平等主義の原則。具体的にいえば、できる子どもとか優等生はぜんぜん特別扱いしない。
4. 実感主義の教育方法。
5. 善意と受容の哲学。

この特色づけに私もおおむね賛同する。が、東井は敗戦後直後に文集『田んぼ道』を作り、1947年に相田小学校赴任後すぐに『相田こども新聞土生』—第3節で詳しく取り上げる—を出している。なお、鶴見は、戦時中『学童の臣民感覚』を出したことに責任を感じた東井は、「12年間何も書かない、だまって実践して来た。12年の後にこれだけ新しい実践ができて来たので…この本を書いた」（123—下線引用者）と記している。細かいことだが、これには補足が要る。私が調べたところ、東井は、『村を育てる学力』出版前に『兵庫教育』に何本かの論考を書いている。また、第3節で詳しく触れるが、謄写印刷ではあるが相田小学校に於ける『土生が丘』は毎号全国の生活綴方仲間に送付されている。それと、鶴見の下線「12年の後にこれだけ新しい実践」は誤りである。『村を育てる学力』には、戦前の豊岡小時代の実践がいくつか含まれている。

　前置きはこれぐらいにして、『田んぼ道』の検討に入ろう。

　　私は、今作りつつある文集を『田んぼ道』としている。子等の感じ、
　　思い、考え、ことば、行動の根を田ぼにおろさせ、彼らのいのちをそ
　　こに育てたいのが私の念願である。『田んぼ道』はそこに至る道である。
　　共につながって動くことを喜び、働くことに即して、思い、考え、愛し、
　　行い、育て、気づくような子等を実は育てたい。私の教室の綴り方は、
　　そのために、書かれ、読まれ役立たせられるようなものでありたいと
　　いうのが私の日頃の念である。

　ところで、ものを言わず、考えず、思わず、書きたがらない唐川国民学校の子どもたちを前にして、東井はどのような授業戦略をとったか。最後に、その戦略のいくつかを挙げておこう。

　　○呼びかける綴り方—子等のいのちは結ばれねばならぬ。はげまし合
　　い、なぐさめ忠告し合い、いのちと共につながって磨き合うような
　　村の子が育たねば村は育たない。「もっとこんなふうにしようではな
　　いか」「こうしてくれないか」「こんなにしてはどうだろう」という
　　ようなことばが身動きをはじめねばならぬ。

○生活勉強の綴り方─「僕はこんなことを考えてこのことをしてみた」「こういうわけだからそれはこうすべきだ」「もっと正しい、もっといい方法はないだろうか」「この生活矛盾を打破するために僕はこんなに戦った」等々の意識やことばが活発に働くような村の子供を私は欲しい。

○学習研究の綴り方─生産技術の面でも惰眠をむさぼってはならぬ。工夫し、研究し、実験し、制作し、打開する意欲と知恵と技術が高められねばならぬ。

○雑談の綴り方─雑談のない村は、野に雑草のない村のようにさびしく味気ないものになるだろう。よろこびを共によろこび、悲しみを共に悲しみ、共に笑い共に泣く村の生活伝統は、新しい日本の村に於いてもより高度に生かされ受け継がれねばならない。雑談はそのような役割を果たしてくれるにちがいない。

　ここに列挙したキーワードだけ見ても、これは1930（昭和10）年頃には固まりつつあった戦前からの東井の生活綴方的教育方法の継承であり、次の相田小学校での実践＝『村を育てる学力』の確固とした枠組みであることが確認できる。教師が子どもらと「雑談」するゆとりが、教師と子どもの間の交流を活性化させ、村のコミュニティーを再生させる原動力になる、と東井はとらえていたことが窺える。

　以上で、「民主教育における農村綴方の在り方」を基にした考察を終わる。が、一つだけ補足しておきたいことがある。それは、この「民主教育における農村綴方の在り方」が、東京大和書房の雑誌『国語文化』（1947年2月号）に掲載されている、という事実である。兵庫県での「教員適格審査」で「不適」と判定された東井の審査結果が、県知事によって中央に上申され、「中央教員適格審査会」が開かれたのが、1947年3月下旬から4月上・中旬であると推測される。このエッセーは「適格審査」の「不適」を「適」にひっくり返すだけの重みをもっていたのではないか─（国レベルで、使う人物が使えば）、という仮定すら成り立ちうる。…これは、「老人」の暴論であろうか。

第3節　赴任初年度の相田小学校

　4月30日付で相田小学校（教頭格で）教諭に命ぜられた東井は、6年生担任。彼は、5月9日子どもたちに着任の挨拶をする（唐川小学校から相田小学校への移籍のあわただしさが窺える）。この子どもたちは、4年生の1学期は、終戦間際で勉強は午前中だけ、午後は山に入って炭焼き、あるいは運動場を耕しての食糧増産に駆り出されていた。戦争が終わり9月中旬から始まった2学期は、軍国主義や植民地に関するもの、または国家神道に関する教科書の記述に墨を塗る作業に追われる（図1）。5年生になっても、平和と民主主義を目指す新しい教科書はまだ十分に間にあわず、仮綴じ教科書での授業。6年生になって初めて、教育基本法と学校教育法に基づいて編成された新しい教科書で授業ができるようになった。

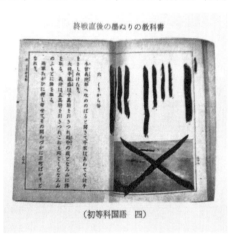

図1　『豊小八十八年史』103より

『相田校こども新聞土生』

　東井は、着任後2ヶ月程で、全校児童から選んだ綴方や日記、詩などを自分で謄写印刷した『相田校こども新聞土生』を出し始める（図2）。7月19日に出された『土生2号』は、B4判ザラ紙5枚裏表に印刷。それが5号になると、裏表10枚と倍増し、内容も1年生「どんぐりこま・かんさつきろく」、2

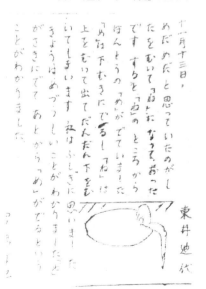

図2　「相田校子ども新聞土生」第5号より

年生「りか・そらまめのきろく、日記、私の工夫」、3年生「共同作品・ほかけ舟、生活日記、手をつなぐつづり方、詩のある生活を築こう」、4年生「自由研究・茶わんの出来るまで、蛙の生活、でんわあそび、私たちの先生をおもう日記、私の家の祖先、分団別交通調べ」、5年生「読方教室、自由研究・毛糸の出来るまで、お米はどんなにしてとれるか、食物の大切なわけ、自由詩」、（東井担任の）6年生「私たちの国語教育・文のしらべ、小谷の歴史・京川城と沢田城・奥小谷のおじぞうさん・くちなが谷・奥小谷の新道・大川橋・湯谷の伝説（佐々木）・大崎神社・安国寺、楽しい家展覧会」と飛躍的に厚みを増す。2年生以上の子どもは、同時に複数の仕事に取り組んでいる。その中の2例、2年生「りか・そらまめのかんさつ」と6年生国語「『星の光』の読み味わい」を取り挙げておく。

　この2年生「りか・そらまめのかんさつ」は、東井義雄記念館（館長・升田敏行）と「白もくれんの会（会長・衣川清喜）」が豊岡市教育委員会の後援を受けて2022年4月から始めた東井関係の新しい資料ダンボール10箱を分析・整理するプロジェクトチームを私がお手伝いするために、月一回のペースで作業する中で出会った「原史料」。

そら豆のかんさつ

　このそら豆の観察は、11月1日から始まる。11月4日になると、豆がふくれだしたことを確認。11月8日には、「かわをやぶってよいしょとめを出してくれた」と喜ぶ。11月10日には「かわをやぶってでてきためはきょうは2せんち5みりくらいになっていました。」と愛情込めて測っている理科的な観察の様子が窺える。そして、先に示した11月13日の感動的な観察記録で、

　　めだめだと思っていたのがしたをむいて「ね」になっておったのです。すると「ね」のところからほんとうの「め」がでていました。<u>「め」は下むきにでるし「ね」は上を向いて出てだんだん下をむいてしまいます</u>。私はふしぎだと思いました。きょうは<u>めづらしいこがわかりました</u>。「ね」がさきにでてあとから「め」がでるということがわかりました。

と書いている（下線—引用者）。

観察者は、最初に皮を破って出てきたものを芽ととらえ、それが上に向かって2センチ5ミリも伸びていくことをワクワクしながら観察する。ところが13日になると今まで芽だと思っていたものが下を向いて根になっていた。すると今度は根のところから本当の芽が出てきた。しかも下向きにである。「私は不思議だと思いました。今日は珍しいことが分かりました。根が先に出て後から芽がでるということが分かりました。」と、どんどん感動的な発見をしていく。根と芽を間違えたままで、8日から13日まで観察を続けさせ、そして「ありゃ、芽だと思っていたものが根であり、根が出た後で芽が出る」という不思議を感動的に子どもに気づかせるという「生活綴方的教育方法」＝「概念づくりはゆっくりと」、がここから窺える。

　ここで注目したいのは、観察日記が毎日みんなで「わけあわれ・磨きあわれ」ていく過程で、芽と根の「誤解」を学級全ての子どもが8日〜13日まで共有しており、だからこそ13日の新しい発見もまた全員で感動的に共有される、という「集団を介しての学びあい」が体験されている、という事実だ。8日〜13日の間の観察日記は、3人の子どもたちの日記を、記事にするために東井が合成したもの。つまり、子どもたち全員に「誤解」を共有させ続ける指導＝性急に上から「正答」を指示しない教師の指導性は、東井が仕組む「生活綴方的教育法」と同質。これだけの指導力がある教師が東井以外にいた、と判断して間違いなかろう。他の教師もほぼ同様の力量を持っていた、と私は推測したくなる。

　東井は、もちろん、2年生の担任ではないし、1年〜5年の子ども全てに授業をしているわけでもない。にもかかわらず、なぜ子どもたちはこれだけ質の高い作品をこんなに多く書けるのか。東井が着任する以前から、相田小学校では全校規模で「生活綴方教育」の風土が相当耕されていた、と推測したくなる。これは、私の暴論であろうか。そこに東井が着任して火をつけた、という解釈だ。この状況をはじめから見越していたのが、校長野村勝治ではないか。野村は、豊岡尋常高等小学校時代からの東井実践を識っていたはず。古里合橋村内に戻ってきてからの合橋国民学校、唐川国民学校の実践については言うまでもない。敗戦直後唐川国民学校で東井が編んだ文集『田んぼ道』を野村は手にしており、おそらく『学童の臣民感覚』も読んでいるはず、と推測される。とすれば、前節のような少々強引な導入人事に動いたこ

とにも納得がいく。

　根と芽を6日間も誤認したまま観察を続けさせる「生活綴方的教育法」＝「概念づくりはゆっくりと」について、興味深い証言を付記しておきたい。それは、臼井嘉一（1945～2013）代表が2007～2009年にかけて実施した科研「戦後日本における教育実践の展開過程に関する総合的調査研究」の一つ田中武雄（2013）「兵庫・但馬の地域教育実践—東井義雄をひきつぐもの」である。その中で、田中は、『地域に根差す学校づくり』（国土社、1979）の著書がある兵庫県の森垣修が東井の自宅を訪ねて教えを請うた時のエピソードを記している（149、下線—引用者）。

　　東井さんは、人にこうしなさいああしなさい、こうせよという<u>結論を絶対に教えない</u>。<u>家まで行ったって教えない</u>。<u>自分で見つけなさいという</u>。そういう勉強の仕方です。
　　僕ら授業を見ておったって教師が結論を言わないわけだから、<u>子どもが気づくまで待つ</u>。…（中略）…そこまで教師が待ちに待って教える。それを子どもが気がつくことをしなかったら子どものものにはならないって、東井の授業を見て分かった。

　私が、これ以上解説を付け加える必要はなかろう。

国語読み味わい

　もう一例は、6年生水上満の「国語読み味わい」ノートとそれに対する東井のコメント。これには、次のような「まえがき」が付いている（下線—引用者）。

　　「村の子ども（相田小学校—引用者）」は「町の子ども（豊岡小学校—引用者）」のように要領はよくなかった。しかし、私にはこの子どもたちが頼もしかった。「読み方」学習においても、子どもたちは敗戦の中に、身をもって立ち上がっていくような姿勢で、体ぜんたいをぶっつけて読むような読み方を「調べる読み方」の中で見せてくれた。それは、<u>子どもたちをそういうように育てねばならない私が、逆に、子どもか</u>

ら「道ここにあり」と教えられ、励まされるような頼もしさに満ちた
ものであった…（中略）…終戦直後転任して行った学校（私の母校）で
の最初の子どもの読解記録である。

　上記引用の下線から、東井本人も相田小学校の子どもたちは、「私がそう
いうように育てねばならない」つまり「道ここにありと教えられ、励まされ
る」程の力をすでに身につけていた、と感動的に語っている点も見逃すこと
はできない。「道ここにあり」と見抜ける東井の眼は豊岡小の最後までには
確立されていた、とここからも判断できるのではないか。
　教材「星の光」は「学習指導要領（試案編）」に則って文部省が編纂した
『国語　第六学年　中』(1947)にある2学期教材(595)。[著作集　5、81～
83では、縦書きで水上の言葉が上段、それに対応する東井の言葉が下段で
示されているが、ここでは、＜　＞ゴチで教科書文、次に水上の言葉、そし
て［　］で東井の言葉を示し、適宜筆者が解説を加える。]

「星の光」の読み味わい　6年　水上　満
[水上は、学級では上の下というあたりの成績の子どもであった。]
＜あなたがたに、見てもらいたいものがあるのです＞
ここを読むと、だれかがそばで話してくれているような気になる。こ
の文を書いた人は誰だろう。だれか、日本のことを、ひどく気をもん
でいる。星に親しみがないことに気をもむというよりは、遠いもの、
大きいものに心をくばることのない日本人のちっぽけな心をざんねん
がっている。また、ぼくたち少年に、大へんのぞみをかけ、たよりに
していることが分かる。読んでいると、…（中略）…日本をいきかえら
せるのは、ぼくたちのやく目だと思われてくる。
[水上は、早速問題設定をやっている。これができるようにならないと
「意欲的な読み」は育たない。「読み」の主体である子どもが、ぐんぐ
ん高まっていくような「読み」は育たない。「読み」は「読み」のため
に大切にされねばならぬのではない。「読み」は、「読み」の主体であ
る「子ども」のために大切にしなければならぬのである。]

教師からの発問・指示を受けて、子どもが問題設定するのではない。子どもが主体的に自ら進んで問題設定していくところに、東井の指導法の特色がある。「主体的」とは、「自分の主人公は自分である」ということを「自ら進んで問題設定していく」という形で具現している、という謂である。

　　＜星を見たって何になるという人があるかもしれません…（中略）…また、星とえんがないと思っている人があるかも…（後略）＞
　ここを読むと、星にたいしてぼんやりしているぼくたちを、ぐんぐんせめよせ、星を見てくれと一心にたのんでおられる心が感じられて、ぼくたちが星に力を入れていないことがはずかしいような気になってくる。…（中略）…ここを読んでいると、ガリレオの話を思い出す。広大な宇宙が目にあらわれます。心が広々してきます。
　<u>先生、ぼくは、「星の光」の読み味わいがまだまだ足りないから、もう一どしらべなおします①</u>。
　[実際、ここの表現は、読者をぐんぐんせめよせていくような熱意と論理的構成をもっている。それを水上は受け止めているのだ。
　水上は、思い出す読み方をやっている。文を読み深めることが、「読み」の主体を変えていくのだ。]

　下線①から、ここでも教師の指示を待たずに、自ら読み込み不足に気づき、もう一度調べ直すと決心している。

　　＜見てもらいたいなどというと、どこかにしまってあるように聞こえるかもしれませんが…（後略）＞
　聞こえるかもしれませんの「聞こえる」ということばは、いかにも話しているようで、この人といっしょにいるようです。
　[<u>第一次の読みよりもこの「読み返し」の読みは、ぐんと、作者の心情に近づいたものになっている。親近感のあふれたものになっている②</u>]

　東井は、いわゆる「三読法」に基づいて指導していることが窺われる。

32頁をめくって読みはじめると、「さて」と、ちがったことばが使って
あります。どうしてでしょう。読んでいると、ここで、一歩話が前へ
進んだような気がします③。また、この人も、身がまえをなおして話
されている感じがします。それはなぜでしょう。
　ぼくは「星を見たって何になる」と思う人、「星とえんがない」と思う
人のことを、この人が考えたから、それをやっつけるためだと思います。
星をみることによって、農業が進歩した。こよみがつくられた。航海
術が進んだ。数学が発達した。宗教も科学哲学も深まった。と、これ
でもか、これでもかとせめよせて、一人のこらず星を見させないでは
おかない、という意気ごみが感じられます。
[「さて」というような、ちょっとしたことばづかいにも敏感に反応し
ながら、水上はぐんぐん読み深めを進めていっている④。そして、た
えず、新しい問題を設定しては読み深めていっている。]

　接続詞に気をつけて、というような概念的な指導ではなく、「さて」とい
う言葉一つで文脈は変わることを子どもに気づかせ・発見させている。教師
の方から教えないで、子どもに気づかせるという東井特有の指導法であるこ
とがわかる。

　33ページのさしえをみると、ほんとうに、ふかい広大な宇宙にひきこ
まれそうな気がします。太陽だけでもびっくりするほどだのに、それは、
銀河系の一部分にすぎず、銀河系がまた、大宇宙の一部だとは、おど
ろかされます。…（後略）…
[段落指導だとか文法指導だとか、国語教育の権威者ぶりを発揮して子
どもをひきまわすが、子どもの大部分は、そういうことに、魅力も興
味をも感じていない、というような授業を見ることがある。ところが
「調べる読み方」では、子ども自身が、こんなに主体的に、進んでそう
いうものを問題にしているのである⑤。]（著作集　5、81〜83）

　ここから、段落指導とか文法指導という形で教師が一方的に教えていくや
り方では、子どもが興味を示さないことを承知している東井の鋭い指導観・

子ども観が窺える。

読みの主体

　引用した水上の「ひとりしらべ」ノートは、後に相田小学校で為される「稲むらの火」や「村をささえる橋」と遜色ないぐらいの質の高さをもっている＝上段に子どもの考え、下段に東井のコメントつけるというスタイルも同じ。東井が相田小学校に着任して、わずか5ヶ月足らずでここまでの授業ができた背景には、①この小学校に「生活綴方教育」の風土が既にある程度蓄積されていた。それは、先の引用「子どもたちは敗戦の中に、身をもって立ち上がっていくような姿勢で、体ぜんたいをぶっつけて読むような読み方を「しらべる読み方」の中で見せてくれた。それは、子どもたちをそういうように育てねばならない私が、逆に、子どもから「道ここにあり」と教えられ、励まされるような頼もしさに満ちたものであった」という東井の言葉からも明らかであろう。それともう一つ②東井がこのような授業を可能にするための確固とした指導手順を固め、それを子どもたちに提示していた、の2点があると考えられる。

　まず②から検討していこう。東井の授業は、どの教科であれ、原則

【1. ひとりしらべ⇒2. みんなでのわけあい・みがきあい⇒3. ひとりしらべ（学習）】

の3段階の過程を踏まえて展開する。この展開法を、第一章で述べたように、東井は既に24・5歳までの豊岡小時代に確立している。先の水上のノートは、「1. ひとりしらべ」と「3. ひとりしらべ（学習）」を重ねた部分。東井は、このノートを見て、［　］に表記したようなことを考えながら、「2. みんなでのわけあい・みがきあい」という授業の核心部分に入っていく。この核心部分が豊かに展開可能になるためには、授業前の「1. ひとりしらべ」でノートへの書き出しが重要。そのための足場＝「読み方の勉強の仕方」を提示する手順も、東井は、24・5歳までに固めて、子どもにプリント配布している。

　「ひとりしらべ」の足場になるプリントの一部を挙げておく（東井、1962、78～79）。

　　1　文に向かったら、まずざっと文を読んでみよう。むずかしい漢字

やことばはとばしてどんどん読んでみよう。

　　　…（中略）…

6　言葉の調べが終わったら、書いてある順番に、何が書いてあるのかを考えて読み、書いてあることがらを調べよう。その時、文の切れ目に注意し、一つの切れ目毎に、書いてある事柄をまとめるように工夫し努力しよう。そうやって調べていくと、いくつかの切れ目が、また一つのことがらにまとまってくるかもしれない。まとめることのできることがらは、なるべくまとめていくようにしよう。できたら、ぶんぜんたいのことがらを表にまとめてみるようにしよう。

7　書いてあることがらがわかっても、それですっかり文が読めたとはいえない。こんどは、ひとつひとつのことばをかみしめながら、文を味わって読もう。味わいが出てきたら、ノートに書きためて行こう。（後略）

8　ひととおり味わい終わったら、前に調べたことがらの調べを思い出し、全体として、作者は何を書きたかったのか。何を私たちにわかってもらいたかったのか、「作者の意図」を考えよう。

　水上のノートが、これら1〜8（実際は9まで）に則って作成されていることがわかる。彼は、東井に担任されて5ヶ月程でこの「しらべるノート」づくりを身につけている。東井は、子どもに勉強するための「足場」を与えた上で授業に臨んでいた、と判断して間違いなかろう。

第4節　『土生が丘』の読み直し

5年教室の算数

　前節①相田小学校には「生活綴方教育」の風土が蓄積されていた、という検討に移ろう。東井は、1947年5月に相田小学校に着任し、6年生の担任になった。彼らを卒業させた翌年は5年生の担任になり6年生へと持ち上がる。原則として、そしてまた翌年5年から6年へと持ち上がるというサイクルを、1959年同校長になるまで繰り返していく。小規模校であるため、時

には、教科によって5・6年、あるいは4・5年を複式で担当することもあった。

　私は、2022年7月、東井の新しい資料を分析・整理する仕事の中で、以下の「5年教室の算数」という「原資料」を見つけた。

　この5年教室とは、何時か。東井の担任サイクルに当てはめれば、1957年度になる。

　［5年教室の算数　はてなと考える算数…］という題字とその具体例、つまりこの日は「和ちゃんの算数日記から」という「ひとりしらべ」を題材にして、東井は「わけあい・みがきあい」の算数授業を展開していく。題字の「はてなと考える算数　手を動かし足を動かし　体を動かして　しらべる算数　からだじゅうで考える算数　くらしを大じにする算数　5年教室の算数をそういう算数にしようね」は前節で見た国語の「足場1〜9」を手がかりにした「ひとりしらべ」と同じスタイル。

　この日記でもう一つ注目すべきは、

　「和ちゃんの日記から　4月14日」という日付だ。4月14日は、東井がこの5年生の担任になり算数の授業を始めてまだ10日も経っていない——ひょっとすると前年度は算数が4・5の複式授業だったかもしれないが。それはともあれ、彼女は、以下に引用するような質の高い算数日記が書ける力を既に4年生の終わりまでに身につけていた、と解釈して間違いなかろう。私が、相田小学校では東井が着任する以前から「生活綴方教育」の風土が相当耕されていた、と推定する理由がここにもある。

　「和ちゃんの日記」（著作集　1、143〜144）

　ふろたきの算数　　5年　福田和子

　きょう、ふろたきをたのまれました。ふろがわいていく時間や温度をしらべながらふろたきをしようと思いました。

　ちょうど、4時10分からたきはじめました。とけいを見ていると、10

分たったので、温度をはかってみると、32度（華氏—引用者）でした。
　わたしが、
「はやいこと、わくなあ」
　というと、兄ちゃんが、
「あたり前だ、大先生がたいとんなるもん」
　と、じまんしました。
　その中、5時10分になったので、温度をはかってみると、49度でした。
　わたしは、おとついふろをたいた時、おばあちゃんが、
「46度ほどになると、もうわいている」
　と、いわれたのを思い出しました。46度より3度温度が高くなっています。
　けれども、ふろが早くわくように、水が、ふろ釜に4分の1しかはってありません。それで、これに水を入れたら、…（後略）

　校長が野村勝治から田口利三に代わり、さらに1954年4月に赴任した臼田弘蔵校長は、「子どものしあわせは、親・子・教師の磨きあいと育ちあいの中で築かれる。…（中略）…学校通信みたいものができんかなあ」と呟く。それを受けて、東井が「やらせてもらいましょう」と編集長を引き受け、同年7月、学校文集『土生が丘』が創刊される—相田小学校に着任した年『相田校こども新聞土生』を出していた東井にすれば、「待ってました!」という当然の反応といえる。『土生が丘』の分析は、菅原稔の『戦後作文・綴り方教育の研究』（2004）と「東井義雄先生の教育実践と学校文集『土生が丘』—その意義と価値—」（2001）が最も詳しい。木村「東井義雄の戦中・敗戦経験とペダゴジー」も、戦前との関わりも含めて、俯瞰的に『土生が丘』の分析を行っている。菅原は、この2典何れでも、「『土生が丘』は1954年7月〜1960年6月までの通巻60号で、同年6月で刊行を停止した。それは、東井が学校長になって公務が忙しくなったため」としている。木村の上記論文も先の菅原論文に則っているため、『土生が丘』は通巻60を踏襲している。
　しかし私は、2022年8月東井の新しい資料を整理する中で、1961年3月24日に『土生が丘』第66号が卒業記念号として刊行されていることを確認した。『土生が丘』は、1961年3月の通巻66号まで刊行されていたのだ。この

『土生が丘』は、「子どもが通学しているか否かに関わりなく村内143戸全戸に配られた。それに対する村民の反応は、30号発行の時の調べで実人員139人が1回以上は投稿してくれている。その後毎号新人の投稿があるから執筆者実数は150名を突破していると思う。」と東井は「『土生が丘』その誕生と成長」（東井、2001、9）の付記で述べている。

西村鉄治

　最後に、『村を育てる学力』出版の経緯を探る観点から、『土生が丘』を読み直していく中で見えてきたものを列挙しておこう。
1. 第1号から、「母と子のページ」に1年生の子どものおしゃべりを担任が速記した詩が2点、「あるお母さんの詩」という母の詩1点、これに対する東井の「ほかのおかあさん方もどしどし作品をおよせください。人生の味をわけ合って味わおうではありませんか」という呼びかけがある。
2. 相田小学校に幼稚園が付設されると、8月の第2号に早速幼稚園「沢田先生のノートから」という記事が載る。第3号には、「あるお母さんの詩」として、

> 本年の教科書を注文する日
> 子どもが
> おかあちゃん
> ぼくがことし使った本
> ××ちゃんにかしたげるぞ
> といった。
> 大人は自分の子どものことだけしか考えないのに
> 子どもは友だちの幸せのことまで考えていると思うと
> はずかしいやら、うれしいやらの思いがこみあげてきた
> かしてあげてくれいや
> そしたら
> 本のいのちも
> 倍になって働くことになる…（後略）

が載る（この詩については再度触れる）。「校区の歩み」として校区婦人会で西村鉄治（全但校長会長）を招いての講演会や「三つの歌」大会、校区青年団の研修・文化活動などが載る。学校以外の娯楽記事にも注目したい。

3. 1954年10月の第4号になると、8月に校区婦人会の講演に来た西村鉄治校長が、（東井が1952年度に受け持った5年生の）子どもたちの文や詩をもとに「生土ふんで」という和綴じ本（私家本）を作り卒業生に1冊ずつ届けてくださり、県下にも広く紹介してくださった。今度また新しく「相田の子どもたち」という和綴じ本（私家本）を作り、5・6年の子どもでも読めるやさしい文章で各方面に紹介してくださいましたという（東井の）謝意。この時西村は、朝来郡和田山町（現、朝来市和田山町）牧田小学校長。（教育委員会）出張所の課長や主事からの御礼と励ましが載る。

4. 第6号には、音の詩　川と題する以下の詩が載る。

　　　川　　5年　保田　朗
　　さら　さるる
　　ぴる
　　ぽる
　　どぶる
　　ぽん　ぽちゃ
　　川はいろいろなことおしゃべりしながら
　　流れていく…（後略）

　これは東井にしかできないことである。文部省唱歌「春の小川」のように川は「さらさら」流れるのであって、上のように聞こえるはずがない、と東井は切り捨てない。聴き方、感じ方は、人それぞれ異なる。だから、この詩を授業では「みんなで分けあい・磨きあう」必要があるのだ、というのが東井特有の授業法。

　この詩に関して、もう一つ追記しておきたいことがある。それは、この川の詩が載せられた6号の前号に「音の詩集」という特集が組まれ、そこに4年福田澄子の水車の詩が載せられている。この詩を読んで、それじゃ僕もと保田が次号に「川」の詩を書いた、という経緯である。これが、

東井特有の指導法だ、と私は考えている。前節で触れた森垣修が東井の自宅まで押しかけて教えを請うても、「自分で気づきなさい、それまで教師は待つのだ」と東井は絶対に教えてくれない、というエピソードと同じである。また、東井はこの川の詩がとりわけ気に入ったらしく、西村の自家本『相田の子どもたち』の裏表紙の裏に、全部メモしている。西村の私家本が東井に送られたのがこの川の詩の前、つまり9月であったことも確認できる。

5. 第13号には、雑誌『教育』編集部の北畑耕也が『土生が丘』送付の礼状として、校長の面白いエッセイと第11号の子どもの「いそがしい父」がこまかい観察を簡潔な文でよく表していて感心した、という記事が載る。これは、東井の長男義臣の作品。その一部を紹介すると、

> 父は学校のつとめのほか、1週間に何べんかはきっと出かけていく。…（中略）…夜出かけていくこともある。だから父の帰りを知らない晩がいく晩もある。でもぼくらが朝おきてみると帰ってきている。…（中略）…日曜にもほとんどいたことがない。…（中略）…きげんのよい時はやさしいが、父は、きげんの悪いことが多い。よくおこったようなもの言いをする。すこしいそがしすぎるのだろう。あまりおこったようにいわれると、ぼくはむっとすることがあるが、いそがしい父のことを考えて、がまんするようにしている。それから父にはすこしほうけん的なところがありすぎると思う。ふろの火を見たり、すいじをしたりするようなことは少しもしない。いくら大しょうでも、たまにはした方がよいと思う。いつか、家ぞく会議をひらいて、ぼくは一ぺんこのことを話そうと思っている。

　東井の家庭での様子が窺えて面白いと同時に、彼の活動振りがよくわかる。「1週間に何べんかはきっと出かけていく、夜出かけていくこともある。日曜にもほとんどいたことがない」というこの忙しさの中身は、教員や学校を相手にする講演・指導だけではなく、部落単位で開かれる夜の小さな集まり（昼は農作業に忙しいから）にも、彼が自分も一人の村民として顔を出し、先生面や住職面をしないでみんなと同じ目線で談笑し

ている姿だ。ここにも生活綴方教師東井の教育観・人間観が窺える。

6. 1956年3月の第20号には、西村鉄治先生「相田のおかあさんたち」を出版という題で、相田教育を天下に紹介したいと、これまで、作文集「生土ふんで」を再版してくださったり、「相田の子どもたち」をつくってくださった西村先生は、こんどは「相田のおかあさんたち」を著してくださいました。まだお読みにならないかたはぜひ読んでください（申し込みは学校へ　頒価　五十円）という記事が載る。さらにその西村鉄治の次のようなお願い文が載る。

> （西村鉄治が）「東井先生に『相田教育』のいとなみを書いていただきたい…（中略）…『山びこ学校』の無着氏や今度映画にもなるという小西健二郎氏の『学級革命』に優るすばらしいものが書けるはずと思うのです。しかも、それら以上に、日本の教育進展に役立つと考えるのです。

7. 1956年7月の第24号には、「村を捨てる学力と村を育てる学力」という東井の小論が載る。『村を育てる学力』を出版する自覚が彼に確立した証拠、といえよう。

『村を育てる学力』の出版が1957年5月、その前年のこの西村発言と1954年第4号にある西村の和綴じ本『生土ふんで』、『相田の子どもたち』の配布記事は注目に値する。『村を育てる学力』出版の裏に、西村鉄治がいたことがわかるからである。

私は、2014年3月、初めて東井義雄記念館を訪ずれたが、その時の館長が衣川清喜氏。それ以来、毎回記念館を訪れる私の世話をして下さっている。衣川氏は、東井の教え子で、現在「白もくれんの会」会長。2021年、新しく出てきた東井関係の資料を一緒に整理・分類作業をしている際に、この西村鉄治とはいかなる人か、なぜこんなに東井に肩入れするのか？　とざっくばらんに尋ねたところ、西村は戦前県視学で、その当時から東井に目をかけていた。その関係で東井は戦後も西村に指導を仰いでいた、と教えて下さった。なお、宇治田（2001、425）も西村が『村を育てる学力』出版の裏方であったと指摘している。

佐古田好一

そして、もう一人、佐古田好一（1908〜1999）の存在も忘れてはならない。

『村を育てる学力』の「あとがき」には以下の言葉がある。

　『学童の臣民感覚』で、ものを書くということが、どんなに責任のある事かということを、思い知らされた私である。…（中略）…その私に、書くことを進めてくださったばかりか、どんどんその手順を運んでくださったのは①、京都府指導主事佐古田好一先生であった。ちょうど十年、私を勤めさせてくれたその「つっぱり学校」の、ひょろひょろ教師の私にも、「つっかい棒」が必要のようだ。「先生が、つっかい棒になってくださるなら、書いてみましょう」

　そんなことで書きはじめたのだが、（中略）遅々として筆は進まない。期日は来てしまう。佐古田先生は指導主事に出してしまいなさる②。先生の方にも、「つっかい棒」になってくださる余裕がなくなってしまった。

　佐古田が、明治図書との間でどんどん出版段取りをつけていった時期、つまり下線①の時期は、指導主事に出る下線②以前ということになる。それは、何時か。佐古田が京都府加佐郡大江町（現福知山市）河守小学校で校長をしていた時である。河守小学校は、廃校・統合を繰り返し、2021年4月から小中一貫の福知山市立大江小・中学校＝愛称大江学園になっている。当時彼は、福知山市と大江町を含めた「福天作文の会」初代会長。河守小学校長時代の佐古田編（1955）『親と教師をむすぶもの』（199）には、前任校有路小学校長時代に彼の発案で刊行された母の作文集『桑の実のおかあさん』に「私たち母親を教育して頂くよりも前に、家の年よりの人たちにもっとわかってもらってほしいのです。一生懸命（作文を―引用者）書こうとしても、舅や姑のある人たちには、なかなかむずかしい問題がたくさんあります」という苦情の手紙が寄せられた、と記されている。農村の老人は頑固で封建的で困る、これが学校教育の壁になっていると嘆くだけではなく、教師の方から進んで部落へ入り、同じ村民の一人として老人とも談笑を交わすという形で当時有路小学校では親・地域との連携を模索していた。全学級の担任が毎日子どもの日記を読み、学級文集や学校文集「桑の実」を編んで家庭への回覧を行っていた。佐古田のこのスタンス＝「生活綴方的教育方法」は、河守小学

校長に転任してからも変わらない。大江町内の現職小中学校の教育実践だけ
で編んだ佐古田好一編（1960）『父母と教師をむすぶもの』が、その証である。
佐古田の有路小学校における子ども・親・地域の実態把握を土台とした学校
づくりについては、最近、富樫千紘（2022）「佐古田好一の学校づくり実践
における『子ども理解』の位置づけ」が、詳しい分析を行っている。

　翻って考えてみると相田小学校のある豊岡市但東町と大江町は県境を挟ん
で隣同士。校区は共に山間の農村地帯。少々荒っぽいが直線距離で測ってみ
ると、相田小学校から河守小学校までと相田小学校から豊岡市中心部にある
県立文教府まではほぼ同じである。佐古田も東井も「日本作文の会」会員で
東井は「出石作文の会」の実質的リーダー。戦前からの生活綴方教師である
二人が互いの文集を交換し合うことは、大いにありうると考えてほぼ間違い
なかろう。有路小学校は、相田小学校より少し前から学校文集を出して、学
校・子ども・家庭の連携に努めていた。河守小学校長に転任し佐古田は、そ
こで『親と教師をむすぶもの』を出版している。そこへ相田小学校から『土
生が丘』が送られてきて、「これは願ってもない同志だ!」と膝を打ったのが
佐古田ではなかったか。頼もしい同志と信頼したがゆえに、明治図書からの
出版手順をどんどん進めていった、というのが私の推測。

　ダンボールに保管されていた未整理の書簡類から、2022年10月、私が確
認できた明治図書との出版段取りを追ってみると、佐古田が『土生が丘』に
感激して、明治図書からぜひ出版をと勧めた書簡は、河守小学校校長名で出
されている。その日付は、1956年2月17日が最初。それからちょうど1か月
後の同年3月17日付の書簡で、佐古田は、後は明治図書の木田尚武編集長と
の間で詰めてほしいと記している。先の「私に、書くことを進めてくださっ
たばかりか、どんどんその手順を運んでくださった」時期とは、この1956
年2月17日からちょうど1か月後の同年3月17日の間である。最終的に、東
井は、同年6月一杯で初稿を終了し9月初旬出版という段取りを約束してい
る。ところが、「原稿は遅々として進まず、佐古田は京都府指導主事となり、
結局1957年5月まで出版が遅れることになった」、という経過が書簡を介し
ても確認できた。

第5節　二人の接点

お母さんの詩

東井と佐古田の接点は何か、もう少し詰めてみよう。前節で触れた『土生が丘』第3号の「お母さんの歌」、つまり「ぼくがことし使った本／××ちゃんにかしたげるぞ…（後略）」に関わって、東井は『村を育てる学力』(13.)で次のように記す。

> 私はこれを見てうれしくなってしまった。一人の喜びがみんなの喜びとなり、一人の悲しみがみんなの悲しみになっていくような、つながり生きる世の中に、それを志向するような子どもを念じるわれわれ教師の営みが、こうして、子どもから親に、親から家に、家から村に、池の波紋のようにひろがるのだと思うと、私のせまい胸もふくらむようで、うれしさに一瞬酔ったほどだった。
>
> その日、母親に出あったので「ありがとう」と礼を言ったのだが、その時母親から聞いたことばは、私という人間の甘っちょろさを痛いほど思いしらせてくれた。
>
> Kの母親は「負うた子に教えられた」、と喜んでこの詩を書いたのだがこの詩には、書かれざる涙の後半があったのだ。
>
> つまりKは、母の同意を得たので、すでに不要になっている教科書を、Nの家へ持って行こうとしたのだ。するとその時、「うちのぜにで買うた本、人に貸さんでもええ」
>
> 年は寄っても、まだ一家の経済を支配している「おじいさん」の鶴の一声だったのだ。母と子が直面せねばならなかったのは、手をつなぐことのしあわせの築き方を知らない村の年寄り…（中略）…若い女や子どもの力ではどうにもならない頑固な封建性とのからみあった壁だったのだ。そして、これこそ、学校教育の壁でもあるのだ。

この壁はどうしようもないと、あきらめるのではなく、教師の方から部落へ出向き、老人たちとも同じ目線で談笑しながら、教師である私も同じ村民なのだ、お互いに手をつなぎあい・磨きあいましょうという間柄になること

を願っていたのが、相田小学校の教師たちであった。これは、佐古田と同じではないか。

　これほどまでに、東井らが部落の人々と手をつなぎあい・磨きあう状況を創り出すことにこだわった理由は何か。この点について長妻三佐雄は「東井義雄における『善意の哲学』—地域社会と生活実態—」（2021、14）で、それは眼前の子どもに向き合う現場教師に徹しようとしたからではないか、と次のように指摘している。

　　現実の教育実践では、理想論ではなく、与えられた条件の中で、いかに「村を育てる学力」を養成するか、小さな創意工夫を積み重ねていく必要があり、東井はその先覚者であった。

　長妻のこの指摘に、現場の教育実践者と協働する姿勢で長年授業研究・授業づくりを続けてきた筆者は、賛同する。

　『村を育てる学力』第一章で、東井は、親・子・教師が味方同士であるとすると、この三者は、どんな形で手をつなげばいいのだろうか。この三者の手のつなぎ方には、一体、どんな形がありうるのだろうか、と問題提起し、次のような第一図～五図で説明している。ちなみに、この第一～第五図までの図を挙げての説明は、『土生が丘』1956年10月の第37号でなされている—先述の東井と木田の約束で『村を育てる学力』の出版予定が、9月初旬であることから確実に遅れていることがわかる。

　第四・五図については次のよう。

　　第4の形は、親と教師が、互いに尊敬しあい、磨きあうばかりでなく、子どもとの間にも尊敬と磨きあいを展開していく形である。
　　だが、この形も、私たちが念じなければならぬ最後の形ではない。第四の形は、当然、第五の形にまで育て上げられねばならぬ。第五の形は、親・子・教師が、単数のままで、尊敬と磨きあいをしていくのではなく、一人一人が大じにされる形を残しながら、しかも、親たちが親たちとなり、子どもが子どもたちとなり、教師が教師たちとなって、その輪を広げていく形である。

村の人たちは、そうでなくても、一人一人が一人の城にたてこもろうとする傾向を強くもっている。そして、それが当たり前の

（著作集、1、25より）

ことだと信じている。「うちのぜにで買うた本、よその子どもに貸さんでもええ」というようなことばも、そういうところから生まれてくるのだ。また、子どものけんかに親が出て、親と親とがいがみあっているというような風景が多いのも村だ。

村にしあわせをうちたてるための要件はいろいろあるが、村に、好もしい人間関係をうちたてるということは、その要件の中の大じな一つだ。そういう意味で、私たちは、ぜひこの第五の形を育て上げねばならない。教師が、村の子供たちや親たちの本当の味方になる、ということは、実践的には、村に、この第五の形をうちたてることだといえよう。

　この第五の形を目指す東井の教育実践は、先の佐古田好一とぴったりと重なる。ここに、佐古田が東井を信頼できる同志と受け止め、明治図書からの出版の段取りをどんどん進めていった根拠が窺える。

　もう一つ急いで付け加えておきたいことがある。この第五の形は、1956年『土生が丘』第27号で論じられている。つまり、前号で編集長東井が「私たちの住む土地について認識を深める記事として、歴史に神社、寺、お堂、山、谷、伝説などの寄稿」を親に願い出る。この願いに親たちが早速『土生が丘』27号で応える。「6年の時の文」と断り書きして、「京川城と沢田城、奥小谷のおじぞうさん、くちなが谷、湯谷の伝説（佐々木）、安国寺」の原稿が寄稿されている。親たちの6年の時とは、第2節で考察した東井が相田小学校に赴任した1947年に編んだ『土生5号』の6年生の綴方である。2022年に筆者が新しく出てきた東井関係の資料を分析・整理していて驚いたのは、東井の自分に関わるモノ—たとえば尋常小学校の時の成績や、賞状まで

一の保管の几帳面さである。教え子たちも、9年ほど前に書いた綴方を大人になっても大事に保管している。よほど、東井の教育がすばらしいものとして子どもたちに刻印されていた一つの証拠、と私は考えている。

さらに、本考察では、次の副次的成果があった。この第五の形を目指す東井の教育実践は、「内発的発展」論の教育実践であり、私が前に取り上げた「土田茂範の生活綴方教育実践史—醍醐小学校での実践を中心にして—」（豊田ひさき、2022）と通底していることが明らかになった。

「内発的発展」論が具現化されている例をもう一つ挙げておこう。

私は、2021〜2023年にかけて、新たに出てきた東井関係の資料を『村を育てる学力』当時の教え子である衣川さんと分析・整理する作業を集中的に進めてきた。仕事をし終えた晩には、「慰労会」と称して二人で盃を交わした回数も10回以上になる。そこで衣川さんが語ってくれた話で、冬には夜間にドカ雪が降ると、翌朝の集団登校では、最上級生が先頭になってスキーでラッセルしながら低学年の子どもたちを学校まで引率する。この経験が、卒業時、全在校生（100名強）が「衣川さんへ」という便りを書くことを可能にしたのではないか、という話。これこそ、先の第5図の子 ⇄ 子の絆の発展を実証してくれるものではないか、という強い印象が私には残っている。

最後にもう一つ、明治図書の編集長木田がどれだけ東井実践に感動していたかということを挙げておこう。「教師の仕事　1」として1957年5月に単著『村を育てる学力』、同年9月に「教師の仕事　2」として野名龍二・戸田唯巳・熊沢文男・土田茂範との共著『学力を伸ばす論理』、同年10月に「教師の仕事　3」として寒川道夫・佐古田好一との共著『子どもを伸ばす生活綴り方』を出し、翌1958年5月には「教師の仕事　7」として単著『学習のつまずきと学力』と、東井が立て続けに出版していることからも分かろう。木田は、『村を育てる学力』を「教師の仕事　1」とし、このシリーズを東井中心に企画したものと考えて間違いなかろう。その延長線上で、木田は1972年から東井義雄著作集全7巻と別巻3巻の責任編集者も務めている。

小括

最後に、本章で明らかになったことを箇条書き的にまとめておく。

1. 東井義雄は、敗戦後なされた教員適格審査で、1947 年 4 月中旬に「適格」の最終判定が下されたため、相田小学校教諭としての人事発令が、同年 4 月 30 日付にずれたと推定してほぼ間違いなかろう。明確に断定しなかったのは、東井への「適格」通知は 1946 年 10 月 7 日という宇治田の指摘を否定する物証を見つけ出せていないからである。これは、今後の課題としたい。

2. 『村を育てる学力』出版の裏には、戦前兵庫県視学で敗戦後但馬各地の小学校長をしていた西村鉄治がいた。敗戦後も東井が師と仰ぐ西村は、東井が集めた子どもの綴方や詩を基に和綴じの私家本を作り、各地に配って宣伝し、これらをまとめて「相田教育」に関する本を東井に書いてほしいと願っていた。もう一人は、1946 年から京都府大江町諸校の小学校長を勤め、学校と地域の連携に取り組んでいた佐古田好一。佐古田は、『土生が丘』にこれぞ同志と感激し、東井に出版を勧め、自ら明治図書に「わたり」をつける。

3. 今まで『土生が丘』は、1954 年 7 月〜 1960 年 6 月までの通巻 60 号とされていた。私は、2022 年、新たな東井関係の資料を整理中、卒業記念号として 1961 年 3 月の 66 号まで発行されていることを確認した。

4. 土田茂範との関係でいえば、土田の後見役は須藤克三。彼は、和綴じ私家本『百姓のうた』で、土田が本を出せば、それは無着の『山びこ学校』に優るものになる、と期待をかけていた。東井の後見役西村鉄治も、和綴じ私家本で東井の本は、『山びこ学校』に優るすばらしいものになるはず、と期待していた。そして、東井と土田の二人は、1960 年代以降さらに多数の論文、著書刊行を実現し、確実に無着を超える生活綴方的授業実践を深化させた。もう一つの共通点は、土田、東井二人とも「内発的発展」論に基づいた村の生活綴方教育実践家であった、ということが確認できた。

（本章は『朝日大学教職課程センター研究報告』第25号の拙著「相田小学校における東井義雄の授業実践—着任から『村を育てる学力』出版まで」に大幅な加筆・修正を加え再構築した。）

（註）

岩佐礼子（2015）『地域力の再発見—内発的発展論からの教育再考—』、藤原書店。

宇治田透玄（1998）「情熱の教育者　東井義雄」（『但馬人物ものがたり』企画委員会編『但馬人物ものがたり』但馬文化協会）。

宇治田透玄（2001）「『土生が丘』前後の歩み」（「白もくれんの会」編『東井義雄教育の原点「土生が丘」復刻版』、2001）。

臼井嘉一（2013）『戦後日本の教育実践—戦後教育史像の再構築をめざして—』、三恵社。

木村元（2008）「東井義雄の戦中・敗戦経験とペダゴジー」（三谷江孝『戦争と民衆—戦争体験を問い直す』、旬報社）。

『国語教育史資料　第二巻』東京法令出版、1981。

『戦後日本教育史料集成　第一巻』三一書房、1982。

佐古田好一編（1955）『親と教師をむすぶもの』、新評論社。

佐古田好一（1960）『父母と教師をむすぶもの』、新評論。

津田左右吉（2018）『古事記及び日本書紀の研究—建国の事情と万世一系の思想』新書版、毎日ワンズ。

鶴見俊輔（1959）「大衆の思想　生活綴り方・サークル運動」（『戦後日本の思想』中央公論社、1966年勁草書房から再版。本書ではこの再版を使った。）

東井義雄「民主教育における農村綴方の在り方」（『国語文化』大和書房、1947年）。

東井義雄（1962）『国語授業の探求』、明治図書。

東井義雄（1972a）『著作集　1』。

東井義雄（1972b）『著作集　4』。

東井義雄（1972c）『著作集　5』。

東井義雄（2001）「学校通信『土生が丘』その誕生と成長」（「白もくれんの会」編『東井義雄教育の原点「土生が丘」復刻版』）。

富樫千紘（2022）「佐古田好一の学校づくり実践における『子ども理解』の位置づけ」（和光大学現代人間学部紀要15巻）。

豊田ひさき（2016）『東井義雄の授業づくり—生活綴方的教育方法とESD—』、風媒社。

豊田ひさき（2018）『東井義雄　子どものつまずきは教師のつまずき』、風媒社。

豊田ひさき（2022）「土田茂範の生活綴方教育実践史—醍醐小学校での実践を中心に—」（『朝日大学教職課程センター研究報告』第24号）。

豊田ひさき（2023）「相田小学校における東井義雄の授業実践—着任から『村を育てる学力』出版まで」（『朝日大学教職課程センター研究報告』第25号）。

長妻三佐雄（2021）「東井義雄における『善意の哲学』—地域社会と生活実態—」（『大阪商業大学論集』第200号人文・自然・社会編）。

西村鉄治編『相田の子どもたち』（私家本、1954）。

兵庫県教育史編集委員会（1963）『兵庫県教育』

第 II 部

授業研究・授業づくりへの挑戦

第4章　対話的な学びの授業づくり

はじめに

　東井義雄は、豊富な授業実践記録を残してくれている。しかも、それらの記録は、あたかも読み手に、生の授業を実際に観察しているような錯覚を与えるようなリアルさで、記述されている。VTRはもちろんボイスレコーダーもない時代、これだけの詳細な授業記録＝プロトコルを残した実践家は少ないのではないか。学校現場の先生方と半世紀近くの長きにわたって、協働の授業研究・授業づくりをやってきた私にとっては、これほどありがたい資料はない。日本教育方法学会編（2014）『教育方法学研究ハンドブック』（170）では、1950年代の「授業研究」の代表として斎藤喜博校長の群馬県島小学校の実践を挙げ、「授業が教育実践の核になるというとらえ方」を特徴づけている。しかし、斎藤は東井ほど授業記録を残していない、と私は判断している。

　第2部では、これらの資料を存分に活用しながら、私流の誌上授業研究・授業づくりを展開してみたい。分析視点は、今要請されている「主体的・対話的で深い学び」の真正な姿を浮かび上がらせることである。

第1節　導入で集中させる国語授業

　本時は、「手ぶくろを買いに」（新見南吉作、国語小学3年）の冒頭部分。

　ゆうべのうちに、まっ白な雪が、野も山も、うずめていました。今まで雪を知らなかった、森の子ぎつねは、大よろびで、遊びに行きました。まもなく、ほらあなへ帰ってきた子ぎつねは、「かあちゃん、おててが冷たい」と言って、ぬれてぼたん色になった両手を、かあさんきつねの前にさし出しました。かあさんきつねは、その手に、息をふきかけて、自

分の手で、やんわり包んでやりながら、「もうすぐあたたかくなるよ。雪にさわると、あとはあたたかくなるものなのだよ」と言いました。
でも、かわいいぼうやの手に、しもやけができてはかわいそうだから、夜になったら、町へ行って、ぼうやの手に合うような、毛糸の手ぶくろを買ってやろうと思いました。

授業での話しあい

東井は、「手ぶくろを買いに」の授業の最初に、次のような「話しあい」の時間（＝約15分）を取る。書き出しの一行（下線―引用者）。

ゆうべのうちに、まっ白な雪が、野も山も、うずめていました。

○先生、「野も山も」といったら、もっとほかのところもうずめているようです。
○ほんとだ、川原のほうも、はたけのほうもどっこもみたいです。
○ほんとだ。「野と山と」だったら、それだけみたいだけど、「野も山も」といったら、どっこもみたいだ。
○先生、そして、ごっつい（大へんな）大雪みたいです。
○「大雪」ということは「うずめて」でもわかります。「野も山も」ほかのところも、どっこもうずめたんだからだいぶ大雪です。
○先生、雪はいまやんどるようです。
○<u>なぜ？</u>
○先生、そんな大雪が、ひとばんのうちにつもったんです。
○<u>でも、きのうからふりかけていたのが、たくさんつもったんかもわからんよ。</u>
○ちがう。「ゆうべのうちに」と書いたるもん。
○先生、「まっ白な雪が」というところも、まえからつもったんとちがう。降りたてのほやほやみたいだぜ。
○この雪がふったんで、手ぶくろを買いにのお話ができたんだと思い

ます。

　東井の発言は、下線を付けた「なぜ?」「でも、きのうからふりかけていたのが、たくさんつもったんかもわからんよ。」の二つだけ。後は全て子どもたちの発言のしあい。注目すべきは、東井がいまさら口を挟まなくとも、小学3年生の子どもたちだけでこれだけの発言のしあいができる程、鍛えられていることがわかる。この「鍛え」の部分の指導について東井に直接聞いてみよう。先の話しあいの後、東井は次のように述べている（著作集、5、105〜106)。

　　「なるほど、子どもは『教科の論理』を問題にしている。しかし、ここには指導はないではないか」という人がいるかもしれない。が、「指導」ということは、どこでもいつでも教師が割りこんでいって、ペラペラしゃべることではない。肝心なところでは、子どものおしゃべりにピシャリとブレーキをかけておいて、指導個所、問題のありかを、子どもの前に大写しに写し出して、ギュウ、ギュウというところまで子どもに考えさせ、問題個所—それはたいてい教科の論理のかなめということになる—の主体化をはからねばならない。それが「指導」というものだ、と私は考えている。

　東井は、「教科の論理」の要となるところを、事前に確認した上で、そこを子どもの前に大写しに写し出し、子どもがギュウギュウいうところまで、鍛え上げて、その要の主体化をはかっている。しかもそれは国語という一つの教科だけでなく、理科でも、社会でも、算数でも、生活綴方的教育方法をとる全ての教科で、普段から、一年ではここで、二年ではこれで、六年にはここまでと見通しをもって鍛え上げている。もちろん、相田小学校の子どもたちは、冬になると日本海から寒風が直接吹きつけ、一晩の内に20〜30センチの雪が積もることを知っていることは、言うまでもない。

talk with の授業
　その後、授業はどのように展開していったか、覗いてみよう。

弘「この子ぎつね、まだ雪がはじめてだったんだな」

　辰夫「うん、それで『大よろこび』したんだ」

　谷本「"大よろこび"だで、あたりまえのよろこびとはちがう。とても
　　　　よろこんだんだ」

　都「先生、『大よろこび』と、その前の『今まで雪を知らなかった』と、
　　　ことばが山びこしとるようです」

　○（教師）「ほんとだね」

　都「そして、『大よろこび』と『で』がついとるのは、よろこんだだけ
　　　とちがう。じっとしておれんので『遊びに行った』ことがいいたかっ
　　　たでだと思います」

　○「"で"に気がついたのはえらかったな」

　小山「子ぎつねは、まだ雪のつめたいことを知っとらんのだね、きっ
　　　　と…」

　○「そんなしょうこがあるかい?」

コメント　ここで一旦切って、分析してみよう。

　雪が初めて⇨それで大喜び⇨とても喜んだ、と発言がつながり、都が、
「大喜び」と「今まで雪を知らなかった」と言葉が「山びこしている」、と文
法も踏まえて小まとめをしている。3年生の子どもがここまで深く読み込め
るのか、と感嘆するのは私だけではあるまい。「文法的にまとめると…」な
どという堅苦しい表現ではなく、3年生らしく「山びこしている」と言わせ
るところも、東井のタクト。もちろん、言葉と言葉、文章と文章の形象関係
を読み解いていく術として「山びこしている」という言葉を最初に教えた
（＝提示した）のは東井だ。しかし、都の発言から、子どもたちは既にこの
時点で、獲得した術（＝「山びこしている」）を自在に「活用」できるまでに
「主体化」していることがわかる。

　さらに、ここで留意すべきことは、「山びこしている」というタームが都
一人ではなく、学級全員に共有されているという事実。国語科における東井
学級での学びの約束事＝この場合「山びこしている」というタームが全員に
共有され、「活用」可能になっていることが、生き生きとした「対話的な学

び」が成立する必須条件である。学級集団が対話しながら「みんなでわかち
あい・磨きあう」共同体になっている証拠だ。この授業は既に、教師が一方
的に教え・伝えていくspeak toの授業から、子どもたちと対話しながら展開
していくtalk withの授業に転換している。その証拠が、withの中身を全員
が共有しあって、自在に活用している、だから先のようなダイナミックな集
団思考ができる、という事実である。

　さらに、都の発言に対して、教師が「本当だね」と評価を入れるが、都は
なおも「大喜び」と「で」が付いているのは、喜んだだけと違う、じっとし
ておれないので「遊びに行った」ことが言いたかったのだ、と主張し続ける。
それで、教師はまた後追いする形で「で」に気づいたことを評価する。これ
らも東井が得意とする「刻々の評価活動」（タクト）。

　「で」という接続助詞が、文法的には「前の事柄を受け、その結果、後の
事柄が生ずることを示す」働きをもっていることを、都はきちんと了解して
いる。了解しているだけではない。さらに「大喜び」と「で」が付いている
のは、喜んだだけ（＝前の事柄）と違う、じっとしておれないので「遊びに
行った」こと（＝後の事柄が生じる）が言いたかった、と実際に「活用」し
ている。ここまでできてきて初めて、「深い学び」ができた、と言えるので
はないか。

　東井は、小学校3年生の子どもに、国語の時間にはきちんと系統的に文法
事項を「教え」ていく、という授業構想をもっている。しかも、「『で』とい
う接続助詞は…」という固い言葉で上から教師が説明していくのではなく、
子どもたちがその働きを自分たちで（再）発見し・納得していく方法、つま
り、彼のこの種の授業タクトを丁寧に分析していくことが本書第2部全体の
課題である。

　東井が「教える」という場合、それは、予め決まりきった一つの答えを子
どもに覚えさせていく、ということではない。そうではなくて、子どもたち
が自分たちで（再）発見し・納得していくことを目ざしている。つまり、子
どもたちがみんなで考えあって、お互いにそれぞれが気づき、発見したこと
を発表しあい、聴きあう中で、みんなで納得しあえる解に至る⇨解に到達し
たと思ったらまたそこから新しい疑問が生まれてくる、というオープンエン
ドな集団思考、つまり「対話的な学びあい」が生じることを目ざす教師から

の語りかけtalk withである。この点で、speak to型の旧い授業で言う「教える」とは決定的に異なる。この点について、第2部では、彼の授業実践例の分析でもって、さらに丁寧に実証的に検討していきたい。

　それと、もう一つ注目したい点がある。都の発言に対して教師が「本当だね」と相づちを打てば、それで子どもは満足して発言を終えるという形、つまりspeak to型が、今でも一般的によく見られる授業である。しかし、東井の場合は違う。都は、この教師の相づち（＝教師の評価活動）で発言を止めず、さらに続けて「そして、『大喜び』と『で』がついとるのは…」と、より本質的なことを発言し続けている。むしろ、都にとっては、この後の方こそ自分がみんなに言いたかったこと・聴いてほしかったこと（talk withしたいという「本音」）のように思える。教師が「正答か否か」で子どもを振り分けていく授業では生じがたい状況、に注目したい。

　もちろん、都も教師から「本当だね」と評価されることは、嬉しいに違いない。しかし、この場合都にとっては、教師からの評価云々よりも、自分がみんなに聴いてほしいことは、「大喜び」と「で」を関連づけて＝接続助詞の機能を押さえながら読み込んでいけば、今まで以上に深く読み込めるのではないか、みなさん、私のこの「読み深め」の方法どうでしょうか、と「みんなでわけあい・磨きあう」ための材料を提供したい、というのが「本音」ではなかったか。そして東井も、密かにこのような「本音」がどんどん出てくることを期待していたのではないか。

　別言すれば、東井にはその見通し（＝構想）が初めから立っていたのではないか、ということだ。だから、焦らずに子どもたちの発言を待つことができたものと思われる。より一般化して言えば、この授業では、教師が子どもたちの上に厳然と君臨しているという関係＝［教師＝教える人・子ども＝学ぶ人］というタテspeak toの関係ではない、ということ。したがって、教える者と学ぶ者が、学びのプロセスにおいて「対等」talk withの関係にある、という状況を子どもに「見える化」しているという事実である。

証拠探しの「ゆさぶり」

　その後小山が、「まだ雪のつめたさを知らなかったのだ、きっと…」と発言すれば、教師はすかさず「そんな証拠があるかい？」とさらに［ゆさぶり］

（＝挑発）をかける。続きは、どう展開していったか。

> 小山「それでも、そんな気がする」
> 尾崎「小山のみっちゃんは、この子ぎつねは、まだ雪のつめたいこと
> 　　　も知っとらんといいなったけど、それは『まもなく』ほらあなへも
> 　　　どってきたことからわかります」
> ○　「なるほど、みっちゃんは、気もちで見つけた。尾崎のちいちゃん
> 　　　は、“しょうこ”でみつけた。どっちもだいじだけど、ちいちゃんみ
> 　　　たいに“しょうこ”までみつけてほしいな」
> 猛　「大よろびでとんででて、雪をいろった（触った）んだろう。そし
> 　　　たら冷たいのでびっくりしてとんで帰ったんだろう」
> 美之「猛ちゃんの考えだったら、ちょっと雪にさわっただけでもどっ
> 　　　てきたみたいだけど、わたしはちがうとおもいます」
> 猛　「それでも、ちいちゃんが言うたように、『まもなく』いうて書い
> 　　　てあるぜ」
> 美之「そのことばだけ考えとったら、そう思えるけど、そのつぎの『ぬ
> 　　　れてぼたん色になった両手』をよんだら、少しのま（間）雪をいろっ
> 　　　て遊んどったことがわかります」
> ○　「今、美之ちゃんがいったこと、とてもねうちのあること、みん
> 　　　なわかったかい？ ひとつのことばだけを“しょうこ”にしないでね。
> 　　　こっちの“しょうこ”と“またちがうべつのしょうこ”のひびきあ
> 　　　いを、美之ちゃんは見つけだしているんだぞ」

　コメント「そんな証拠があるかい？」という教師の「ゆさぶり」に対して、小山は「それでも、そんな気がする」と再度同じ発言をする。それを聴いていた尾崎がすぐさま、この子ぎつねはまだ雪の冷たさを知らない。でも実際には冷たくて長く雪に触っていることができなかったから「まもなく」戻ってきたのだ、と補足説明する。この阿吽の「磨きあい」関係は、ダイナミックだ。
　それに対して、東井は、「なるほど。みっちゃんは、気もちで見つけた。尾崎のちいちゃんは、“しょうこ”でみつけた。どっちもだいじだけど、ち

いちゃんみたいに"しょうこ"までみつけてほしいな」と「気もちで見つけた」という意見を一旦受け入れた（これも東井の優れたタクト）上で、これからは、「"しょうこ"まで見つけてほしい」と、もう一段ギアを上げることを目指している。これが「そんな証拠があるかい?」と東井が「ゆさぶった」本音だったのではないか。

　授業が対話的talk withになるためには、withの中身が教師と子どもたちの間で、そして子どもたち同士の間で共有されていることが必要、という理由がここにある。

　この推測が認められるなら、その後小山がそれでもそんな気がすると再度同じ発言をした時、小山にしてみたら、今まで先生は、「思ったこと、感じたこと」を発言せよと勧めてきたではないか。なぜ、今日は私の発言を認めてくれないのか、私は本音を言ったのに、と少々不満げであったかもしれない。その証拠が、小山の「それでも」という逆説の接続語で繰り返し同じことを主張している、ということからも推測される。しかし、小山のこの不満は、東井にとっては織り込み済みであった可能性がある。小山もなかなかしっかりしてきたな、と密かにほほ笑んだ上で＝だから一旦受け入れた上で、「先生は、ここでギアをもう一段上げたいんだ（それもわかってほしい、あんたならもうそれができるのだから）」というのが「本音」だったのではないか。それは、東井にはその次の展開が見通せていたから可能になったのではなかろうか。

教師と子どもの「対等性」

　それともう一つ、ここでも、教師と子どもたちの関係性が学びあう上で「対等」であることが現れている。小山が、先生に対して「今まで先生は、『思ったこと、感じたこと』を発言せよと勧めてきたではないか。なぜ、今日は私の発言を認めてくれないのか、私は『本音』を言ったのに」と「文句」を（心の中で）言っている、と推測される点だ。小山は、授業中の先生は、「私たちより上の偉い人で、反論などしてはいけない」とは少しも思っていない。先生も私たちと同じ地平から、この「てぶくろを買いに」を協働で学びあっている「仲間」なのだ、という教師像である。しかも、この心の内での小山の内なる叫びまで、東井はきちんと見抜いているはずである。こ

れも、東井の素晴らしいタクト。つまり、学びあうプロセスの中での対等性を子どもに保障し、自分も受け入れなられているという「安心感」を与える、タクトである。

　こうして、小山は一時不満を持ったかもしれないが、次の（雪に触っていたけれど、あまりの冷たさに辛抱できなくなって）「まもなく」戻ってきたのだという尾崎の発言を聴いて、なるほど、文章から証拠を見つけ出して説明する尾崎の発言の方が、自分の「感じがする」だけよりも聞き手にとってはわかりやすい、と気づいたかもしれない――もちろんこの裏には、普段からの「みんなでわけあい・磨きあう」学習習慣ができ上がっていることが、前提であることは言うまでもない。その後、東井が言った「気もち」も大事だけど証拠まで見つけて欲しい、という「本音」の語りかけで、一層先の自分の気づき（＝発見）もまんざらではないな、と気分を良くしたかもしれない。これは、自分も受け入れられていると実感する「安心感」――speak toの授業では不可能なこと―である。

　さて、次に猛が、【 大喜び⇨飛び出す⇨雪に触る⇨冷たさにびっくり⇨飛んで帰ったんだろう 】と皆に向かって念を押すと、美之が「猛ちゃんの考えだとちょっと雪に触わっただけで戻ってきたことになるが、わたしは違うと思う」という自分の「思い」を発言。すると、すぐに猛が「でもちいちゃんが言ったように『まもなく』と書いてあるぜ」とちいちゃんの意見を引き合いに出しながら反論⇨再び美之が「まもなく」だけ読んでいればそうなるが、次の「ぬれてぼたん色になった両手」から「すこしのま」触っていたことになると反論する。

　子どもたちのこのやり取りを見ていた教師は、すかさず「今、美之ちゃんが言ったこと、とてもねうちのあること、みんなわかったかい？　一つのことばだけを"しょうこ"にしないでね。"こっちのしょうこ"と"またちがうべつのしょうこ"のひびきあいを、美之ちゃんは見つけだしているんだぞ」と「ねうちづけ」の評価を入れる。東井は、ここで「みんなでのわけあい・磨きあい」が一段深まった、と判断したものと思われる。

　東井は、このような「対話的な学びあい」の中で初めて、多様な考えや意見が出てくるし、それらを互いに聴きあって子どもたちはさらに自分の思考を深化させていくことも可能になる、という集団思考のメリットを十

分に識っているし、経験も積んできている。だから、この経験知を土台にして、東井は、子どもたちの対話talk withの仲間に入ることができるのであり、それが第三者から見ると彼の指導が「しなやか」と感じられるところではないか。

　もちろん、普段雪を見たこともない地方の子どもにとっては、どれくらいの「間＝時間」雪に触っていれば、手がボタン色になるかは想像できないかもしれないが——withしあう共通の中身や「世界」が無いから。相田小学校（1968年に相橋小学校に統合され廃校）があった豊岡市但東町は、兵庫県でもよく雪が降る所で、子どもたちは毎冬スキーを楽しんでいる。

　だから、ここでの評価は、今までの短い教師からの「うなづき」程度で済ませず、[一つのことばだけを証拠にしないで、『こちら』と『あちら』という二つ以上の証拠と相関させながら読み深め（て）]いく術（文法的なあるいは読解上の事項）を、みんなの子どもにわかるように—みんなでwithの中身やツールを共有しあえるよう—丁寧に（＝対話的に）語りかけている。ここからも、東井の一人ひとりの子どもにきちんとした学力、この場合物語文を読み深めていく術、を育もうとしていることがわかる。

　このような丁寧な指導、つまり、[ギアを一段上げる時には、みんなにわかるように一つひとつ具体的な行為にまで降ろして説明する]術にも注目したい。ここでいう具体的な行為が、withしあう中身であり、ツールであるからだ。もちろん、教師からの一度だけの説明で全員が了解することなどあり得ないことを見込んだ上で、この種の術を適宜にしかも系統的に打ち込んでいくことに長けていたのが、東井であった。

　もう一言付け加えれば、この時の教師から子どもへの語りかけは、上から目線の語り（speak to）ではなく、「共に真理を探求する仲間」という対等の地平から—美之ちゃんが見つけた△△という形—の語りかけ（talk with）である。これが、東井が得意とする日常語レベルからの「ねうちづけ」だ。

　ここで新たに出てきた「"こっちのしょうこ"と"またべつのしょうこ"のひびきあい」を発見していくという術は、「山びこしている」と同様、あと数回授業を重ねていけば、○○と△△の「ひびきあい」を見つけるという東井学級のまた新しい学び方talk withの約束事、ツールとして子どもたちはわが物にしていく（＝学び獲っていくaneignen）ものと思われる。このよ

うなプロセスを積み重ねる仕事が、「対話的な学び」をつくりだしていくための基礎づくりだ。これが、東井特有の「教え」方である。

教師も「共に対話する」

授業に戻ろう。

　　井上「まだ雪を知らん子ぎつねくらいあって、かわいげないいかたしとる」
　　○「どこがかわいげ?」
　　井上「"おてて"ということば」
　　猛「なんでかしらんけど、ほかのところもかわいげだな」
　　○「猛くん、おもしろいところに気づいたなあ。せっちゃんは"おてて"ということばがかわいげだというんだけど、それをてということばになおしても、まだかわいげだ、ということを猛くんは言っているのだよ」
　　みんな「ほんとだなあ」
　　正弘「あっ、わかった。小さい子はすぐ、こまったことがあると、"おかあちゃん"というたり、"かあちゃん"いうたりする。その小さい子げな言いかたがしてあるでだ」
　　○「まあくんが、"小さげな言いかた"に気づいたぞ」
　　正弘「先生、それから、小さい子は、あんまりながったらしい言い方とちがう。ポツン、ポツンした言い方をします」
　　○「とうとう、まあくんが、えらいことをみつけだしたぞ。小さい子のもののいい方は、あかちゃんことばでいうだけでなく、言い方もちがうことを、まあくんはみつけたんだよ」
　　小山「いうこともだけど、先生、しとることも赤ちゃんげです。両手を、かあさんぎつねの前にさし出しましたも、赤ちゃんげです。『どうかしておくれ』というとるみたいです」
　　○「ほんとだなあ」

　　コメント　この部分でも、井上の「かわいげ」な言い方に対して教師が

「どこが?」と突っ込みを入れれば、すぐ井上が「おてて」と応じる。この時、もう教師の方から「その証拠は?」と催促しなくても、「おてて」と文章から証拠を見つけ出している。「証拠を挙げよ」という指示語が短縮されている。それだけ、みんなでの「対話的な学びあい」活動の密度が深まっている—教師もその talk with の世界にどっぷり入っている—証拠と言えよう。

　そして、猛の「他のところもかわいげ」が続き、教師がすかさず「おもしいことに気づいた、まだ他にあるらしいよ」と評価を入れる。このやり取りを聴いていたみんなが「ほんとだなあ」と納得した後、直ぐに正弘が「わかった。"お母ちゃん"という言い方」と発言すれば、小山が「言い方だけではない、している行為も赤ちゃんげ」と続ける。

　この一連の「発言のしあい・聴きあい」のテンポの良さとダイナミックさは、この部分で東井が「おもしろいことに気づいた」「正弘が言い方(幼児語)に気づいた」「ポツン、ポツンとした言いぶりに気づいた」と次々に追い打ちをかけるような、スパイラルに上昇していく「ねうちづけ」の結果であり、それが「言い方だけではない、行為の仕方もちがう」ということまで発見することに導いた元ではないか、と私は判断している。子ども側から見れば、「教師は、共に真理を発見していく仲間」と映る(ディンター)ように演出している東井のタクトが窺える*

　この対話部分では、一人で考えていたのではとても思いつかないこと、気づかないことがどんどん出されてくるし、それを直にライブで聴けるという「対話的な学びあい」のメリットが、十分に示されている。このような対話が展開される東井学級の子どもたちにとっても、それはこの上もない集団思考の贈り物なのである。

　　*「教師は、共に真理を発見していく仲間」と映る、という「関係性」については、豊田ひさき『東井義雄　子どものつまずきは教師のつまずき　主体的・対話的で深い学びの授業づくり』風媒社、2018、の「ディンターの読み直し」参照。

「山場」で終える

　少し端折って、授業の最後の場面へ行こう。山場は次のように展開していく。

弘「ぼくは、"でも"のところから、話がかわっとることをみつけとったんだけどなあ」

哲「先生、"夜になったら"というところは、昼の間だったら人間がつかまえたら大へんと考えとるところです。それで、ここもかあさんげです」

○「そうだなあ」

弘「"夜になったら"だで、まだ夜になっとらんことがわかります」

辰夫「夜になっとらんどころか、ぼくは、今は朝だと思う。そのつぎの"暗い夜がやって来ました"というところから、話がかわって夜になっとるんで、それまでは朝だと思います」

○「今、辰っちゃんがみつけたところは、おかあさんらしいところとは、別なことだったんだけど、みんなが三年生になってからはじめてみつけてくれたねうちのあるところです。これは、四年生が勉強することなんだけど、それが、ちゃんと見つけられるようになったんだな。これからは、ほかの人も、本を読んでいて、話がかわる所に気をつけてください。この"手ぶくろを買いに"も、よくよんでいくと、また話がかわってくるところがあるからね。この時間は、みんな、ずいぶんいいことをたくさん見つけてくれたよ」

コメント　ここで、今日の授業が終わる。最後の教師の言葉からもわかるように、[山場でもって授業を終える]というのも東井特有の終わり方だ。一般的に見られる授業の終わりは、「今日の勉強では○○がわかったね、よく覚えておきましょう」と教師がまとめるパターンが未だに多い。

　しかし、「今日はこれがわかった（これで一丁上がり）と（もうそれ以上考えたり、疑問視したりすることなく）家路につく授業ではなく、今日の授業では、○○だったけど、本当にいつでもどこでもそうなのかなぁ？と疑問をもって家路につくことの方を、東井はねらっている。

　弘「"夜になったら"だで、まだ夜になっとらん」⇨辰夫「夜になっとらんどころか…今は朝…そのつぎの"暗い夜がやって来ました"というところから、話がかわって夜になっとる…それまでの所は朝」という読み取りに対して、東井は、[辰ちゃんが見つけたところは、おかあさんらしい所とは

別だけど①、みんなが三年生になってからはじめてみつけてくれたねうちちのあるところ②〕⇨〔これは、四年生が勉強することだが③、ちゃんと見つけられるようになった〕と「ねうちづけ（て）」高く評価する。〔本筋（おかあさんらしい所を探す）からはズレるが、ねうちちがある⇨そのねうちは四年生レベル〕と褒め上げ、〔ほかの人も、本を読んでいて話がかわる所に気をつけるように〕と語りかけ④、〔この手ぶくろを買いにも、読んでいくと、また、話がかわってくる所があるからね⑤〕とやんわりと次の課題＝「ひとり調べ」の手がかりを与えている。

この①〜⑤の展開も、想定外のこと（＝明日勉強するところ）を先回りして引き合いに出したことに対して、瞬時に臨機応変に対処するタクトだ。東井の授業は、「何でも言える⇄何でも聴いてもらえる」という「安心感」をどの子どもにも与える授業である。教師が想定している「正答」と違っても、教師は受け入れてくれるし、さらに「ねうちづけ」までしてくれるという「安心感」である。

しなやかな対応

ここで東井は、子どもからよい発言が出た、これ幸にと「これは宿題ですよ、必ず見つけてくるように」というような野暮な強制はしない。「宿題ですよ」と言ったとたんに〔教師＝教える人、子ども＝教師に素直に従う学ぶ人〕というタテ関係になることを東井は十分に識っている。だから、東井は、この語りかけを受けて、「よし、私は見つけてこよう」という「主体的な学び」の子どもが何人いるか、明日は楽しみだ、ぐらいに期待している様子である。ここでも、きっと何人かは見つけてくれるに違いない、特に○○や△△は見つけてくれるに違いない、だが、◇◇はまだちょっと無理かな、という見通し＝見立てが彼には立っているはずだ。これは、教師がファシリテーター的な役割を果たすために必要な前提、と言い換えることもできる。このような裏づけの上での「しなやかさ」が、先のタクトの効果を一層高めているのではないか。

授業におけるこの種の「対等性」が、「対話的な学び」の根底になる、という東井の授業観・学習観の現れである。別言すれば、speak toの授業では決してできない、talk withの授業において初めて生まれてくる「しなやか

さ」だ。

　それともう一つ、文章の区切りに気づくのは四年生になってからの課題という見通しが東井にあるからこそ、一年先のことまで見つけるみんなはすごいと褒めることができた。文章の区切りといった文法的なことを、これは3年生で、これは4年生で、そしてこれは5年生で扱うというしっかりとした見通しが、東井には確立しているということにも、着目しておく必要がある。

　文法的にきちんと押さえて初めて物語や説明文を読み深めることができる、という指導原則も忘れてはなるまい。国語に限らず、どの教科においても、このような各教科固有の指導原則＝「教科の論理の要」を教師がきちんと押さえ、それを低学年から高学年へと段階的に着実に子どもに定着させていくことが、子どもに「主体的・対話的で深い学び」を保障する前提である。

　このことは、「手ぶくろを買いに」の事例の最後で、東井が、「（これは）子どもの『生活の論理』ばかりのようでありながら、相当どん欲に『教科の論理』をこなしていっていると思う。」と言明していることからもうなずけよう。東井の得意なタクト「ゆさぶり」と「ねうちづけ」に関連づけながら、もう一つの事例を検討しておこう。

「ゆさぶり」を打ち込む

　相田小学校で東井が校長になり、3年生担任の教師から学級を借りて行った事例。教材は3年国語「二つの玉」（学校図書、3年上）
　［　］で私のコメントを随時入れていく（著作集　5、106〜110）

　山さち彦が、兄さんから借りたつりばりをとられてしまい、兄の海さち彦にわびるのだが、どんなにわびてもゆるしてくれない。困って海べに行って泣いていると、年とった神さまが、山さち彦を海のご殿へやってくれた。海の神さまは、陸から来た山さち彦をどんなにしてもてなそうかと大さわぎをする、というあの古典の物語だ。子どもたちは、自分の考え読みを次々ににぎやかに発表し、討論していた。

　突然、たっちゃんが、重大事の発見報告のような態度で、形を改めていった。

「校長先生！」「なんだい？」

「校長先生、本には『海のごてんでは大さわぎになりました』いうて書いたるけどな、ここの『大さわぎ』いうのはな、ぼくらが、すもうをとったり、けんかをしたりして、ドテンバタンやるあの『大さわぎ』とちがうと思います」という。

「校長先生、わたしもそう思います」

「ぼくも、この『大さわぎ』は、すもうやけんかの『大さわぎ』とちがうと思います」

私はききながら、ことばは、その在り場所によって、いろいろなはたらき方をする、そこにこの子どもたちが気づいたということは、大したことだ、ことばのこのおさえ方は、ぜひ、ほかの（まだこのことが十分にわかっていない―引用者）子どもの前に大写しにして問題にさせねばならない、と思った。それと共に、その場で、意味やはたらきを変えていくことばを的確におさえるおさえ方にも注目させたいと考えた。そこでとっさの思案で、次のように言った。

　[ことばは、場所によっていろいろな働きをする。①このことばのおさえ方をほかの子ども（＝まだ十分に了解できていないと思われる子）の前に大写しにしよう、②その場その場で意味や働きを変えていくことばを的確におさえさせようと、とっさに思いついた。この「ゆさぶり」は、①、②という2つの目的をもっている]

　「ありゃ、みんなそう思うんかい？　だって、すもうをとったりけんかをしたりしてドテンバタンやることだって、『大さわぎ』っていうぞ」案の定、子どもたちの眼が、にわかに輝いた。思いがけぬ抵抗にであい、それをのりこえようとして身構える眼の輝きであった。

　[そして、この③思いがけぬ抵抗にであい、それを乗り越えようと④子どもたちが身構え眼を輝かせることをねらう]

　たっちゃんがいった。

「校長先生が、そんなにいいはるんはなあ『大さわぎ』ということばだけ
考えとんなるでだ。『大さわぎ』ということばだけ考えたら、そんなわけ
にもなるけど、ここに書いたる『大さわぎ』は、そういう大さわぎとち
がう。校長先生、まあ『大さわぎ』ということばだけ考えとらんと、も
うちょっと前のところから読んでいってみなれ。そしたら、海の神さま
が、とても喜びで山さちひこさんにどんなにしてもてなそうかと、いっ
しょうけんめいになっとることがわかるで。そして、この『大さわぎ』は、
山さちひこさんをもてなすための『大さわぎ』だということもわかるで」
という。
「校長先生、そのとおりです。校長先生は、文を読まんとって『大さわ
ぎ』ということばだけを考えとんなるんだ」とせっちゃんがいう。
「うーん、えらいことをいうなあ。『そのことばだけを考えていても、ほ
んとうのわけはわからない』なるほどなあ」
　私は、たっちゃんが見つけだしたことをゆっくり反芻し、ほかのみんな
の子どもにも、はっきりと意識づけようと念じながら、それを敷衍する。

　[⑤一人の子どもが発見したことを、<u>他のみんなの子どもにもはっきりと</u>
<u>意識づける</u>ことをねらう。]

「『そのことばのほんとうのわけがわかりたかったら、そのことばだけを
考えていないで、もっとはじめのところからよく考えてよんでいかなけ
ればいけない』なるほどなあ。三年のチビのくせに、えらいことを見つ
けだしたもんだなあ！」
「まあしつれいな…」
「チビだなんて…」
　子どもたちは、私をにらみながらそう言う。目は私をにらんでいるが、
口もとが笑っているのがかわいい。

　[⑥子どもの発見を「ねうちづけ」て「目は私をにらんでいるが口もとは
笑っている」という<u>雰囲気を醸し出す</u>ことをねらう。]

「校長先生、ぼくは、たっちゃんが見つけたこともだいじなことだけど、それだけではまだ『大さわぎ』のほんとうのわけはわからんと思います」
こんどは、たけるちゃんの発見だ。
「それなら、どうしたらいいんだい？」

[⑦一人の子どもが発見したことを契機に、今度はほかの子どもに発見させようとするねらいが達成された。]

「あのな、『大さわぎ』の前のところだけでなしに、その次のほうもしっかり読んでみたら、もっとはっきりわかるんです」
「なるほど」
「つぎを読んでみたらなあ、『海の世界のすばらしいおどりをおどったり、ごちそうをつくったりして…』いうて書いたるで。それでなあ、ここを読んだらなあ、この『大さわぎ』の中には、海の世界のめずらしいおどりやごちそうがふくまれとることがわかるで」
たけるちゃんが説明してくれる。
「うーん、なるほどなあ」
と、感心しながら、聞いていると、こんどは、美之ちゃんだ。
「校長先生、たけるちゃんの考えでいいんだけど、この『大さわぎ』は、『おどり』と『ごちそう』だけの『大さわぎ』とは、ちがいます。もっとほかのこともいろいろあるから『大さわぎ』になっとるんです」
私には、美之ちゃんが、「おどりをおどったり、ごちそうをつくったりして…」の「たり」にめをつけたな、ということがわかったが、これをほかのみんなのものにしていくには、もっと「大写し」にしてやるひつようがあるとおもった。そこで、「でも、本には『おどり』のことと『ごちそう』のことしかか書いてないよ」と、子どもの前に横たわってみた。子どもたちが頭をふって考えるのをみて，ニコニコしながら、美之ちゃんはいう。

[⑧ここで、『たり』をほかのみんなのものにしていくために、『子どもの前に横たわる』という新たな『ゆさぶり』を打ち込む。それに気づいた美之

ちゃんが、『今は私が発言する番ですね』とニッコリしながら（そしておそら
く、教師とアイコンタクトしながら―引用者）発言を促し、教師が説明＝教え
るべきところをその子に『代理』させている。]

「校長先生がそんなこと言いなるんは、『たり』ということばを考えずに
　読んどんなるんからです。『おどりとごちそう』とかいてあるんだったら
　それでいいんだけど、本には『海の世界のめずらしいおどりをおどったり、
　ごちそうをつくったりして……』と書いてあるんです。『たり』いうたら、
　もっとほかのこともふくまれているんです」
「なーるほど、でも、ほんとにそうかな？」
と言いながら、ことばとことばを「と」でつないだり「たり」でつない
だりして、みんなにことばのはたらきのちがいを考えさせる。

[⑨これは高度な東井のタクト。普通は教師が教え、確認することを子ど
もたちみんなに気づかせ、発見させるという形で、発見者を「ねうちづけ」
て「（教師の仕事を）代理させ」ている。そうして、教師は、ファシリテー
ターの役に徹している（教師は、指導していないのではない！）。]

「なーるほど、やっぱりちがうようだなあ、それにしても三年生のチビの
　くせに、えらいこと見つけたもんだなあ」
「チビだなんてしつれいな…」
また、子どもたちが私をにらむ。
「でも、みんな考えることがとてもうまくなったよ。たっちゃんの考え、
　たけるちゃんの考え、美之ちゃんの考え、みんなはほんとにすばらしいよ。
　それから、たけるちゃん、美之ちゃんの勉強の仕方には、たっちゃんと
　ちがうねうちがあったと思うんだが、ほかのみんなは、気がついたかい？」
「……」
「それでは、先生がいうよ。たけるちゃんや美之ちゃんは、はじめの人が
　言ったことをよく考えて、そのねうちをよくわかって、その考え方の足
　りないところも考えて、もっとねうちのある考えにして、みんなにわけ
　てくれた、これは、とてもねうちのある勉強の仕方なんだよ」

こういうと、こんどは、子どもたちが「なーるほど」という表情でうなずいてくれた。

[⑩先に発言した子どもの意見をよく聴き、よく考え、そのねうちをわかって、もっとねうちのある考えにして発言する、というもう一段ギアを上げた『みんなでわけあい・磨きあう』学習の仕方＝集団思考の仕方を<u>もう一度子どもたち全員で確認しあう</u>ことをねらう。]

以上の例を挙げた後、東井は次のようにまとめている。

このようにして、子どもの「生活の論理」をゆり動かし、練り鍛え、「教科の論理」に対決させながら、それを主体化させていく仕事、そうやって高まった「生活の論理」を、更にまたより高次な「教科の論理」に対決止揚していく仕事、それが「授業」というものではなかろうか。

「ねうちづけ」と「ゆさぶり」

以上、東井の「ゆさぶり」をもう一度まとめてみると、

　　ⓐ「ゆさぶる」目的を決め、ここぞという所を「大写し」にする①。
　　ⓑ教師から意図的に「抵抗」を与え＝「横たわってやる」、それを乗り越えようと子どもに身構えさせ、目を輝かさせる③。
　　ⓒ一人の子どもが、「ゆさぶら」れた目的を発見し、「ねうちづけ」他のみんなの子どもに意識づける⑤。
　　ⓓ教師と子どもたちの間に「何でも言いあえる間柄」という信頼関係＝学びあいの対等な関係性を醸し出しながら、つまり、一人の子どもの発見を「ねうちづけ」ながらクラス全員に共有させることをねらって、教師が改めて定義しなおす⑥。
　　ⓔ教師の再定義を受けて、「大さわぎ」の前の部分だけでなく、後ろの部分とも関連づけると「もっとはっきりわかる」という新たな発見に誘う⑦。
　　ⓕ接続助詞が「と」ではなく「たり」であることに気づかせ、⑦⑧で

教師が子どもの前に「横たわる」、つまり新たな「ゆさぶり」で、「A
と B」「A したり B したり」とを見比べ、「A と B」と「A したり B
したり」とを比較しながら説明する行為、つまり、一般には教師が
「説明して教える」部分を子どもに「代理」説明させて、クラス全員
に再認識させている。このような「ねうちづけ」が前提になって初
めて「（教師の指導の）代理」が可能になる⑨。言い換えれば、こう
して教師は安心してファシリテーターの役を演じることに専念でき
る。

ⓖしたがって、⑩で今までの発見のしあい、発言のしあい、聴きあい
を教師がまとめて整理をし、最後に普遍化して説明し直しても、子
どもたちには、自分たちは教師に「教えられている」とは映らない
（ディンター）、という優れた教師の演出になっている。

これが、東井が得意とした「ゆさぶり」のメカニズム、とまとめること
ができよう。東井の場合、「ゆさぶり」をかける目的と方向が事前にはっき
り確認されており、とりわけ、クラス全員の子どもに「教科の論理の要」を
しっかりと定着させることをねらって発揮される教師からの指導の演出、つ
まり「教師＝指導する人」ではなくて、「共に学びあう仲間」と映るように
する演出であった。その際、東井の「ゆさぶり」は、「ねうちづけ」と「ゆ
さぶり」がワンセットになって初めて可能になる点にも注目したい。この点、
群馬県島小学校の「出口」の［ゆさぶり］に代表される齋藤喜博（1911～
1981）の「ゆさぶることはいずれにしろよい」とする立場とは決定的に異な
る＊。

＊「ゆさぶり論争」については、豊田ひさき（2007）『集団思考の授業づくりと発
問力』（明治図書、168～180参照）。

急いでもう一つ付け加えておきたいことがある。それは、3年生の子ども
たち一人ひとりが発言するその発言がとても長い、という点だ。私は、今ま
で数千時間以上小学校の授業を参与観察してきたが、学習内容からずれるこ
となく、これだけ長い発言ができる子どもたちに出会うことはめったにない。
しかも、このクラスは東井の担任学級ではなく、校長でありながら、授業が

したくて仕方のない彼が、クラスを借りて一時的にした臨時授業である。それでありながら、ここまでの授業ができるとは、相田小学校全教員の授業力量の高さに驚かされる。

小括

　以上、東井義雄の授業実践を手がかりに「対話的な学び」の内実を解明し、そこで機能している授業タクトを分析してきた。明らかなったことは、教師と子ども、子ども同士の間に「日常語」による「対話的」な「学びあい」の関係性が成立するには、

①授業を旧い speak to 型から新しい talk with 型に転換する。
②教師が「教える」という行為も、上から一方的にできあいの知識や技能を子どもに「伝達」し、子どもがそれを従順に「受容」し「覚えていく」という旧い授業法から完全に脱却する。
③具体的には、東井の授業タクトに典型的に現れているように、子どもたちが自ら気づき、発見した発言や意見をみんなで聴きあい・磨きあう中で、「ねうち」のあるモノを教師が「ねうちづけ」る。「ねうちづけ」られたモノをみんなでさらに「聴きあい」「納得しあう」という「対話的な学び」を成立させる。
④この時の教師と子ども、子どもたち同士の間の関係性は、学びの「対等性」が必須条件である。
⑤「対話的な学びあい」の授業では、一つの決まりきった答えに到達して「学び」が終了するのではない。そこからまた新たな疑問や問題が生じ、次の新たな「学びあい」が始まるというオープンエンドな集団思考過程がスパイラル的に展開していく。
⑥学級全員の子どもを巻き込んだこのオープンエンドな集団思考過程を、教師が組織していく行為が、「ねうちづけ」と「ゆさぶり」である。
⑦この種の教師から子どもへの働きかけは、ファシリテーター的な意味合いをもつ。

ことが、明らかになった。だから、普通答えが一つに決まっていると思われている算数の授業でも、この種の「対話的な学びあい」が可能になる。節を改めて検討してみよう。

第2節　「算数」の授業実践

授業前の構想

　以下、東井が相田小学校で行った5年算数面積の授業—「平方キロメートル」の指導—を例にして考えてみよう（著作集、4、51 ～ 57）。

　（東井によると）「アール」「ヘクタール」のあたりまでは、大変面白く愉快に授業が進んできた。自分の家や友達の家の長方形やその変形の屋敷などドンドンその面積を調べていった。これが昨日までの算数の授業経過。この調子だと、きっと誰かが今日やる予定の「平方キロメートル」を問題にし始めるに違いないと思っていたが、一向にそれに関連する「芽」は出てこない。

　この時東井は、内のクラスの子どもなら、誰か「わが町但東町の広さは？」という「ひとりしらべ」をやってきているはずと予想していた。だが、まだ誰もそこまで「ひとりしらべ」をしていない。教科書を見ると、「朝日町の広さ」という文章題で「平方キロメートル」を扱うことになっている。が、実在するかどうかわからないような町の広さを問題にしてみたって身が入った授業はできない。ここは何とか「但東町—私たちの相田小学校がある町—の広さ」ということでやるべきだ、と東井は考えた。しかし、待てども一向にその芽は現れてこない。現れてこない以上、教師の方から子どもを<u>つつく</u>より道はない。どうやってやろうかと、いろいろ思案した挙句、教科書でつつくのが一番よさそう、と東井は構想する（下線—引用者）。

　以上が、東井が行った事前の教材解釈のあらまし。

コメント　東井は事前の教材解釈の段階で、実在するかどうかわからないような町を例にして広さを問題にしていては、「身の入った授業」（＝「主体にたぐりよせる学び」）はできない、と判断している。talk with の授業では、with するツールが子どもの身近なもの、みんながたやすく、しかも明確にイメージできるツールを共有していることが前提になる。だからここでは、何としても自分たちが住んでいる町＝「但東町」で広さを学ぶ必要がある。これが、東井が構想した「身近さ」。

　この自分たちの町＝但東町に、どう気づかせるか。「今日の勉強は、私たちの町、但東町の広さはどれくらいか」をやりましょう、と先に教師の方から課題を提示したくない。子どもの方から、「私たちの町、但東町の広さを調べてみたい!」という学びの課題を発見してほしいと待てども、子どもの方からは出てこない。だが、「仕方がない」教師の方から課題を提示しよう、と簡単にあきらめないのが東井だ。

授業準備

　ここでもう一つ注意しておきたいことは、東井が［「私たちの町、但東町の広さを調べてみたい」という学びの課題を発見してほしいと待てども、子どもの方からは出てこない］という確認を、授業前に行っている点だ。東井は、算数でも子どもに「ひとりしらべ」ノートを書かせている。それを授業前に見るのが、東井のやり方。この時に、誰のノートにも「私たちの町、但東町の広さを調べてみたい」と書かれていないことを確認しているのだ。私がここまで強く断定できるのは、次のような東井の授業観を識っているからだ。なお、この時のクラスの人数は、17名（著作集　4、136 〜 137）。

> ［ひとりしらべ⇨わけあい・磨きあい⇒ひとり学習］…（中略）…このひとりしらべノートをやってくる…（中略）…私はそのノートを見て、子どもが、どの言葉を、どんなふうにおさえて読んでいるか、それをつかんで「授業」をするわけだから、こんな確実なことはない。「賭け」なんかしなくとも、安心して「石橋」を渡ればいいことになった。

　この時点で、つまり実際の授業に入る前に、これからの授業でまず「教師

の方から子どもを<u>つつく</u>より道はない」という予想を立てることができる⇨事前に、「教師からつつく」手立てをどうすればよいか、と構想する「ゆとり」も東井に可能になってくる。

言い換えれば、教師も含めてみんなでtalk withするためには、みんなでwithするためのツールを共有している必要がある。このツールが共有されているか否かを、事前に確認する手段として、東井は「ひとりしらべ」ノートを活用している。

授業中の子どもたち（『著作集　2』より）

東井が言う「これを、仕事前に気づかせてもらうことができたら」ということは、子どもたちのノートから「学び直し」が事前にできたら、という意味。彼は、このような「学び直し」ができなくて、結果として子どもを困らせてしまったことを痛いほど経験している。この苦い経験が、今度こそは自分が事前に確かな「学び直し」をして、子どもたちが楽しく学べる授業をしようと努力し続ける教師にまで、彼自身を鍛え上げてきた。

授業に戻ろう。（後述するような）授業の最終段階の山場を想定すれば、最初の導入段階で、「私たちの町、但東町の広さを調べてみたい」という本時の課題を発見するように子どもを追い込む―「主体的な学び」の前提―が必要だ。では、どのようにして教師が「つつい（て）」追い込めばよいか、という具体策を構想しなければならない――それが教師の仕事、この点は譲れない、という立ち位置。

以上のような状況の中で、教科書で「つつく」という東井がとった事実は、注目に値する。繰り返しになるが、この「つつく」という方法は、教師の方から「今日は私たちの町、但東町の広さはどれだけか勉強しましょう」という教師からの直接的な提示ではないところが、ポイント。

教師の方から直接指示してしまえば簡単だが、それでは子どもが身を乗り

出して学びたいという構え、身体でもって考えるという学びは生じない、ということを東井は十分に識っている。だから、教師の方から「つつい（て）」子どもに気づかせ、発見させようとした。「主体的な学び」の前提を、子どもたち自らに発見させ・創り出させようとする東井のしたたかな立ち位置。

　では、東井は実際にどうしたのか、具体的に検討していこう。

導入場面

「今日は『朝日町の広さ』を勉強する。まず、Ｈさん、教科書を読んでみてくれよ」と、切り出した。Ｈという女の子が読み始めた。

文子さんたちは、朝日町の面積が、どれだけあるか調べてみたいと思って、先生にたずねました。先生は、「朝日町は、きちんとした長方形ではないが、だいたい、たてが3.5km、よこが3kmの長方形とみていいでしょう」と教えてくださいました。

「はい、読むのを、そこまででひとまずおいてみましょう。さて、今、Ｈさんが読んでくれたところで、何か気のついたこと、考えさせられたようなことはないかい？」

私がそういった時、Ｍちゃんという女の子が言った。

「先生、わたしらの組は、これまで、算数の教科書に出てくる子どもたちよりは、少しは程度の高い勉強をしてきたと思います。ところが、この教科書に出てくるふみ子さんは、朝日町の広さを知りたいと思って、先生にお聞きしています。それだのに、わたしらの組の人は、まだ、誰も『但東町の面積』を調べていません。そこが、ちょっと残念だと思います」と。

私は、Ｍちゃんが、早速、私のねがいにふれてきたのでうれしくなった。

「そうだね。私も、実は、一人ぐらい『但東町の面積』を調べようとする子がありそうなものだと、だいぶ待っていたんだがなあ、とうとうそれが出てこなかった。何とかみんなで『但東町の広さ』を調べてみようではないか」

ということで仕事を始めた。（下線—引用者）

コメント 文章題を最後まで読まずに中断させて、「ここまでで、何か気のついたこと、考えさせられたようなことはなかったかい?」と子どもに気づかせ、発見させるように迫っている——これが、教科書で「つつく」中身。

この「つつき」に応じて早速、Mが、私たちは教科書に出てくる子どもより少しはレベルの高いことをやってきたという自信はあったが、今回は教科書の子どもに負けた、残念だ、と発言——これも東井が得意とする子どもの誇り=パトスをもゆり動かす「ゆさぶり」効果の現れ。

これは、子どもたちに自尊感情を形成する学びを数多く体得させた上で、さらにもう一段レベルアップをねらう東井からの「ゆさぶり」。それが、「一人ぐらい『但東町の面積』を調べようとする子がありそうなものだと、だいぶ待っていたんだがなあ、とうとうそれが出てこなかった」というここでの「ゆさぶり」の伏線になっている。

この「ゆさぶり」によって、子どもが自分の主体に「たぐよせ」ないとなんだか気色が悪い、という心理状況(=身体)を形成することを東井はねらっている。これは、第一章で触れた東井が教職について数年の間に身体につけた「学習意欲は、単なる感情的な興味に支えられているだけでは不十分で、自分の生き方の上へ『たぐりよせる』という構えが必要」ということの実践化、だ。

教師から一々指示されなくても、子どもたちは何時でも、どの教科でも自分の生き方に「たぐりよせ(て)」教科書を読んでいく構えが既に形成されている証拠。このことは、「ふみこさんたちは、朝日町の面積が、どれくらいあるか調べてみたいと思って、先生にたずね」た、しかし私たちはだれ一人尋ねていない…「残念です」という発言からも明らか。東井が構想する自分の生き方に「たぐりよせる」ということが、「主体的な学び」の「主体性」の「深さ」。この深さは、子どもが「主体にたぐりよせ」ないと気色が悪い、という程の「深さ」なのだ。

またこの最後の部分で、この課題に取り組むにあたって、東井が「仕事を始めた」と記していることにも注目したい。東井学級の子どもたちの学びは、教師と子どもがtalk withして「身をもって考えあう」緊張感のある「仕事」だと彼が認識している証拠になるからだ。ここで、その緊張感を一気に高め

るために、東井は、子どもの読みを途中で中断させて、「何か気がついたこと、考えさせられたことはなかったかい？」と問いかける⇨即座にMが応答する、という阿吽の呼吸で緊張感が一気に高められるという状況を創りだしている。「阿吽の呼吸」ということがtalk withしている証。

東井自身は先の部分を次のように整理している。

> さて、算数の教科書を読んだだけで、子どもたちが私のねがいにふれてきたということを考えてみると、この背景には、それまで私がやってきた「国語の授業」がはたらいてくれている気がする。<u>一つの文章を読んでも、いい加減に読み過ごしてしまわないで、自分なりの考えをもつとか、文を読むためには、いつも、自分を高めようというねがいで読まなければならぬ</u>という私の「国語授業」の仕事が、はからずも、「算数の授業」を援けてくれることになったのだと思う。
>
> こんなふうに、一つの授業が、他の授業の支えを受けて進むということは、これを裏返して考えると、他の教科の授業を粗末にしていると、その弱さが、思いがけぬところで、一つの授業の進行を足ぶみさせる、ということにもなる（下線―原文）。

国語の授業で文章を読むという仕事は、いい加減に読み過ごすのではなく、自分なりの考えをもつ、自分を高めようとする願いをもって読むという課題をもっている、それが東井の言う「主体にたぐりよせる」読み。主体に「たぐりよせ（て）」読むということは、国語に限らず、全ての教科で貫徹される東井特有の学びのスタイル。まさに、教科横断的な「主体的な学び」の具現化だ。「主体的な学び」とは、ここまで「身体化」されるほどの「深さ」を意味している。

東井特有の学びのスタイルとは、何度も繰り返すが、【ひとりしらべ⇨みんなでのわけあい・磨きあい⇨ひとり学習（しらべ）】という学びの過程のこと。

この場合で言えば、アール、ヘクタールと学習を進めてきた子どもたちは、わが家の屋敷や田畑の面積は、○○アール、△ヘクタールということまでは既に調べている。そして、わが家の田んぼは全部で○反、山は△町歩という

ことを日常的に親から聞き出している（「主体にたぐりよせ」て学んでいる証拠）。幸いなことに、尺貫法の反と町はアール、ヘクタールとほぼ同じとみなしてよいということ、つまり反≒アール、町≒ヘクタールということ、さらには1平方キロメートル＝100ヘクタールということを東井は事前の教材解釈で確認しているに違いない。

　とすれば、子どもたちが、この相田学区にある田んぼの面積はどれくらいの広さか？まではあともう一歩のところ、これなら、わが町但東町の広さ？に気づく者がいてよさそうだ、という予想が立つ。この「あともう一歩」がいわゆる「発達の最近接領域」（ヴィゴツキー）でありtalk withできる幅だ。

途中で介入

　もう一つ、ここで注目しておきたいことがある。それは、東井にはなぜ「はい、読むのを、そこまででひとまずおいてみよう…読んでくれたところで、何か気づいたこと、考えさせられたようなことはなかったかい？」と途中で読むことを中断させることができたのか、ということだ。多くの先生方は、そんな勇気は私にはない、それができたらよいことはわかっているが、私にはできない、と思われているのではないか。

　では、なぜ東井にはそれができたのか。そこでは、次のような構想が東井に可能だったからではないか。

　つまり、【この子どもたちはまだ誰も「私たちの町但東町の広さを知りたい」ということを意思表示していない⇨でも内のクラスの子どもなら、きっとそれができるはずだ、あともう一歩だ、と子どもに対する絶大な信頼がある。⇨そして、この子どもたちならこうして主体にたぐりよせて但東町の町の広さを調べようと意欲的に取り組む姿が手に取るようにイメージできる。⇨よし、それに期待してみよう、という勇気がでてきた。】──以上の【　】内のことが、一瞬の内に東井の頭の中を駆け巡ったのではないか。この種の子どもに対する絶大な信頼が、授業中のコミュニケーションにおいては、教師と子どもが「対等な対話的」関係性を可能にしている、という法則が機能している証だ。

　ここで東井は、「この子どもたちならきっとやってくれるに違いない」と勝負に出た。それは、「Mちゃんが、早速、私のねがいにふれてきたのでう

れしくなった」という記述からも明らか。教師からの問いかけに、打てば響くようにすぐ反応するＭ子の発言が返ってくる、という緊張感のあるダイナミックな「対話的な学び」だ。

つまり、【授業の前に子どものノートを点検⇨誰も気づいていない⇨教科書の当該箇所を読ませ、その個所を読んだ直後に中断して『今、Ｈさんが読んでくれたところで、何か気がついたこと、考えさせられたことなかったかい？』と子どもを『つつく』⇨（そうすると即座にＭ子が予想通りに反応）】という授業構想が事前に成立していたのではないか。これも東井の緊張感のある授業をつくり出す小さな、しかし大事な＜わざ＞。

「教科の論理」と「生活の論理」
東井の授業に戻ろう。その後、授業はどう展開していったか。

> この平方キロメートルの授業の時もそうであったが、私が「一人ぐらい但東町の面積を調べようとする子があってもいいと思って、待っていたんだが…」と言った時、Ｍ男が言った。
> 「先生、ぼく『但東町の面積』ぐらい、調べかけたんです。でも、田んぼや畑だったら、はじめにだいたいの形を調べます。そして、これだったら、だいたい三角形と見ることができるから、底辺と高さをしらべて計算する。これは扇型とみることができるから、円の面積をだしておいて何分の一かにする、というようにします。ところが『但東町』は、形がどうなっているか、なんぼ背のびしてもわからんのです。それで、もうあきらめてしまったんです」

コメント　東井が「誰か一人ぐらいいてもいいと思ったんだが…」と言うと、即刻僕は調べようと思ったが「なんぼ背のびしてもわからん」ので「あきらめた」とすぐ反応する子どもがいることからも、東井が普段から授業で「対話的に学びあう」スタイルを鍛えている様子が窺える。

「主体的な学び」と「対話的な学び」は、このように切っても切れない関係にある。それと同時に、「この…時もそうであったが」という記述からも明らかなように、東井はここで、ショーンの言う「<u>この</u>状況を<u>あの</u>状況とし

て見る」という実験を行っている*。

　　＊Ａ・ショーン『省察的実践とは何か――プロフェショナルの行為と思考』（鳳書房、
　　　2007、原典、1983）より20年以上も前に、東井はこの種の「行為の中の実験」
　　　を実践している。

　より一般化していえば、「この状況をあの状況として見る」「引き出し」を
どれだけ多くもっているかが、良い授業をする教師とそうでない教師との分
岐点になる、と言うことだ。

　この場合、「身近さ」が自分の眼で見渡してわかる範囲であったがために、
つまり、但東町全体が見渡せなかったためにあきらめた。こう解釈すれば、
但東町全体が一目で見渡せる状況をどう用意してやるか、が次の教師の仕事
だという構想も浮かんでくる。後述するように「但東町全体が見渡せる」地
図を、東井は事前に（頭の中で）用意している。つまり、「身近さ」の幅を
予想するという教師の「構想力」の問題なのだ。

　さらに、三角形の面積や扇形の面積の出し方が子どもたちに十分に定着し
ていることもわかる。これは、東井と子どもの信頼関係の濃密さの現れで、
主体に「たぐりよせ（て）」学びたいという学習主体が十分に育てられてい
る証拠でもある――これがあるから、東井は子どもと思い切って勝負するこ
ともできる。

　東井は、戦前から、「結果だけでなく、結果に至る過程も綴れ」と要求し
ている。このことが、ここで子どもの発言として現れている。三角形や扇形
の面積の出し方まで含めて子どもが発言することで、教師には、この子ども
にはきちんと面積の出し方が定着している、ということがわかるし、まだそ
れが少しあやふやであった子どもには、（教師の指示がなくても）そうだ、三
角形の面積の出し方は○○、扇形の面積の出し方は△△、と頭の中で復習す
る効果もある。

　もう少し一般化して言えば、この学級の子どもは、ロゴス的なものとパト
ス的なものを統一して構想していく身体が既に相当育てられている証拠とも
言える。東井が事前の教材解釈で予想した「一人ぐらい但東町の面積を調
べようとする者があってもいい」という予想（＝「発達の最近接領域」）が当
たっていたこともわかろう。

　予想が当たっていたということは、次にこれと同様な状況に彼が出会った

時、今回のコトが自信となり、土台となって、またそこで東井は「行為の中の省察」を行い、その場にふさわしい＜わざ＞やタクトを構想できるようになる。これが、ショーンの言う「眼前の状況との対話を介して次の手を決断する」「行為の中の省察」である。

　先に、ロゴスとパトスの統一と記したが、これは新任2年目ぐらいから三木清などを読んで、授業では「生活の論理」と「教科の論理」の両方を視野に入れて常に構想していかねばなせない、ということを悟って以来のなじみ深いターム。彼は、『学習のつまずきと学力』（明治図書、1958）の「あとがき」に次のように記している。

　　…例えば、戸坂潤氏の理論のような、割り切った考え方には、どこか、あきたらないものを感じた。そして、「あれか、これか、あれでもない、これでもない、そのくせ、あれでもある、これでもある」と言った三木清氏には、限りない魅力を感じた。私の前著『村を育てる学力』の書評の中で、宮坂哲文先生が「随所に出てくる親鸞のことばや三木清のことばが、このすぐれた実践家の教育原理の体系に、どう位置づいているか、著者と共に探求してみたい問題である」と書いてくださっているのを読んだときには、あまりの慧眼に、思わずギクリとした。三木清や親鸞は、私の教育実践のスタートの頃から、私の内部に入り込んで、私を導いたり、迷わせたりした人であったからである。（著作集2、216〜217）

活発な対話

　話を授業に戻そう。ほとんど全ての子どもたちにここまでの学習主体が育まれている東井学級での授業は、次のようなダイナミックな「対話」形で展開していく。

　（先のM「…もうあきらめてしまったんです」に対して）
　「君みたいなチビが背伸びしたって、但東町の形が見えたりするかい」
　と、ヤジを入れたのはA君だった。
　「そんなら、きみには但東町の形が見えるんかい？」

「僕だって見えれへんけどな…」

「あっそうだ。Hちゃんとこ家が山の上にあるから、だいぶ見えるだろう」

「なんぼ、わたしの家だって、但東町の形なんか見えれへん」

「こまったなあ」

「こまったなあ」

ということになって、みんな考え込んでしまった。

「みんな、『但東町の形』が見えないって？ 案外、みんなの目は寝ぼけているんだなあ」

今度は、私が子どもをつついた。

「先生、それなら、先生には『但東町の形』が見えるんですか？」

「うん、見える」

「ほんとうですか」

「ほんとに見える」

「ぜったい、ほんとうですか」

「ぜったい、ほんとうだ」

「ぼくはうそだと思うんだけどなあ。ぜったい、見えへんと思うけどなあ」

「どうも、うそだと思うんだけどなあ」

「先生には、『日本の形』だって見える」

私は、そういうなり、子どもに背を向けて、教室の前面にはってある日本地図と兵庫県地図の方を向いた。

コメント 多くの教師は、ここまで待てないのではないか。この部分を端折ってしまって、早く本題にという焦りが先に立つのではないか、というのが今まで数多くの授業を観察してきた私の判断。

ところが、東井はここまで辛抱強く待つ。この待つという構えが、東井学級ではこのような活発な「対話」を生み出す遠因になっていることも見抜いておく必要がある。ではなぜ、東井は待てるのか。それは、彼が「主体的な学び」つまり「させられる学習ではなく、自ら進んでする学び」を重視しているからだ。

それに、子どもたちが主体に「たぐりよせ（て）」考え始めたが、あまりに身近に考え過ぎて、「こまったなあ」「こまったなあ」と混乱に陥った時、「子どもに背を向け…地図の方を向いた」というパフォーマンス＝＜わざ＞。つまり、「今度は、私が子どもたちをつついた」とタイムリーに教師から「ゆさぶり」をかけている点も見逃してはなるまい。これこそ、教師と子どもが一緒になって、身体全体を駆使して協働しあっている、「身をもって考えあう」姿＝「対話的な学び」だ。

　「対話的な学び」の「対話」は、言葉によるコミュニケーションに止まらない。身体全体を使ってのコミュニケーションまで含んでいる。

　もう一つ、ここには、東井は今日の山場にする「但東町の地図」を子どもに配布する構想を事前に立て、用意していた（子どもたちにはまだ隠されているが）ことがある。

　つまり、東井が辛抱強く待つことができたもう一つの理由としては、授業の山場で子どもたちに自分の方から進んで課題に取り組ますためには、ここでたっぷりと「主体にたぐりよせ」て「こまったなあ」「こまったなあ」というおしゃべりタイム―パトスまでゆり動かす―を入れる必要がある、と初めから覚悟していたことも挙げられる。

身近な地図

　「なんだい。地図みたらわかるんだったんだがなあ」

　「あっ、『但東町の地図』なら、おとといの６年生が、ベニヤ板の上に、エナメルで描いてくれた大きな地図が、講堂にかけてある」

　「ほんとだ、講堂にかけてある」

　子どもたちは、やっと、地図を見れば「但東町」であろうが「兵庫県」であろうが、「日本」の形であろうが知ることができることに気づいてさわぎはじめた。

　「やっと気がついたかい、講堂にも「但東町の地図」がかけてあるね。地図を見れば『但東町』であろうが何であろうがすぐわかるね。さあ、それでは、講堂の地図を思い出して、但東町の形を言ってごらん」

　「ありゃ、どんな形だったかなあ」

　「ちょっとでこぼこしたまるい形だったと思います」

「うそ。長方形だったぞ」

… （中略） …

さて、私のつもりでは、地図を見ればいいということに気づいたら、講堂の『但東町地図』が思い出せなくても、教室の前面に掲げてある『兵庫県地図』の中から、私たちの出石郡があそこだから、私たちの『但東町』はあそこ。すると『但東町』はだいたい台形と考えていいのだな、と、すぐわかってくれると思っていた。ところが、講堂の『但東町地図』にこだわって、誰も、今現に目の前に見える『兵庫県地図』の中から『但東町』を見つけ出そうとしない。私は、それが残念で仕方がないとともに、私の社会科授業における地図の取り扱いの弱さを反省せずにはおれなかった。

　コメント　講堂にかけてある「但東町の地図」を思い出した子どもたちは、騒ぎ出しそれがどんな形だったか、ああだ、こうだと盛んに話しあう。この話しあいの発端は、東井の「講堂の地図を思い出して、但東町の形を言ってごらん」である。

　子どもたちは、ここにこだわり始めると、先に気づいた教室の前面に掲げてある「兵庫県地図」は彼らの頭から吹っ飛んでしまう。とすれば、東井の「講堂の地図を思い出して、但東町の形を言ってごらん」は、誤りであったのか。誤りとは即断できまい。この種の回り道を、巧みにそして豊かに組み込むのが、東井が得意とする授業展開だからだ。

　東井は、教育・授業をするにあたっての心得として、次のような例を出している。「自転車を踏んで走らせるとき、自転車のタイヤは、2センチや3センチの道幅ではいくら自転車乗りの名人でも、自転車に乗ってその道を走ることは不可能であろう。何の働きもしないように見える道幅も、大切な役割を果たしている。…授業を追求する時にも、どうか、このことを考えてほしい。」と、彼は八鹿小学校退職後、大学で教えた新人教師に諭している（東井義雄（1981）「若い教師・友人への一言」『授業研究』227号、30）

　だからここでも、教師は焦ったり、端折ったりしてはいけない、というのが東井の身体に染みついた授業展開戦略。論理だけで押し切っていく効率優先の授業ではダメ、というのが東井の授業観。ここで焦って、やはり「講堂

の地図…」と言わなければよかったと反省してくよくよするのではなく、教室前面の地図に気づかなかったのは、子どもたちの勘の鈍さではなく、あくまでも自分の社会科授業のまずさ、弱さ、と東井は省察する。

　ここで教師が覚悟した（自転車のタイヤ）の数倍から数十倍の道幅は、子どもの側から見れば、この幅をたっぷり活用して、各自が主体に「たぐりよせ」て、「ああでもない、こうでもない」と考えを巡らせよ、という教師からの温かい励ましに他ならない。この部分をスローモーション的に再現してみると、

　　　　そこで子どもたちは各自主体にたぐりよせながら考え、思い浮かんだ意見を各自発言しあう。それを聴いている仲間の子どもたちは、その子の発言に刺激されて一層自分にたぐりよせて考え、その結果をまた発言する。…この発言のしあい・聴きあいがスパイラルとなりダイナミックで対話的な授業が展開していく。

という状況ではなかろうか。

　そしてここでも、ロゴス的なもとパトス的なものが統一した授業展開が生じている。これが、東井が言う「みんなでのわけあい・磨きあい」の学びの過程。それともう一つ注意すべき点は、授業における「行為の中の省察」に基づく実験は、「aすれば必ずAになる」といういわゆる「厳密な科学的な定義」とは異なって、あくまでも「蓋然性」を基礎にした仕事なのだということを東井は十分に識っていた、ということ。つまり、東井にとってはこれくらいのズレは初めから想定済みなのだ。この点も＜わざ＞やタクトを問題にする時には、考慮しておく必要がある―ITに助けられる授業では、これは不可能であろう。

埋め込まれた仕かけ
東井の授業に戻ろう。

　　　　とにかく、こういう有様で、子どもたちが行き詰ってしまったので、私は、あらかじめ用意しておいた『但東町地図』―教室前面の「兵庫

県地図」の上に原紙をのせ但東町の部分だけを写しとって謄写印刷したもの—を子どもに与えた。

「なんだい。こんなかたちだったんかい」

「これなら台形と見ればええんだなあ」

子どもたちは話し始めた。その時、突然Y君が叫んだ。

「先生、形はわかっても、寸法がわかりません」

「ほんとだ。先生、寸法がわかりません」

「台形だから、上底と下底と高ささえわかったら、すぐ面積が計算できるんだけどなあ」

形がわかった喜びで次の仕事を忘れおしゃべりしていた子どもたちも、寸法がわからないという新たな問題の前に、考え込んでしまった。

「自転車に長い縄をくっつけて、但東町のはしっぽからはしっぽまで走ってみようか」

と言い出す子どもがあったが、

「だって、山があるし、川があるし、家があるし、道は曲がっているし、とても、まっすぐになんか走れへんわ」

と、やり込められてしまった。

コメント　「あらかじめ用意しておいた『但東町地図』…」からもわかるように、東井は、事前の教材解釈の段階で、子どもに配る但東町地図を用紙している。しかも、そこには縮尺率をわざと欠落させるという次の仕掛け（＝本日の山場への仕掛け）も埋め込んで、子どもに主体的に考えさせようと構想していることにも注目——この仕掛けを思いついた東井は、その時の子どもの姿を思い浮かべて、おそらく一人で楽しくなってきたに違いな。ここでも、「発達の最近接領域」を東井は巧みに打ち込んでいる。

　このような仕掛けを組み込んだ授業は次のように展開していく。

　私は、みんなに考え込ませておいて、きりだした。

「今さっき、みんなに配った『但東町地図』には、距離のはかれるものさしを、ちゃあんと、つけといたんだがなあ」

「先生、でも、このものさし、ちょっとへんです。きざみ目だけで、数

字が入れてありません」

　私は、わざとそうしたのだ。きざみ目だけで、数字なしの縮尺を刷り込んでおいたわけだ。だが、そのかわり、はっきり目を見ひらいて、類推していけばわかるように、私の校下の、佐々木・相田・小谷などという部落名を、ちゃんと刷り込んでおいた。小谷から相田まで約1キロメートルということは、みんな知っているはずだし、相田から佐々木までは2キロメートルということも知っているはずだから、それをもとに類推していけば、縮尺のこのひときざみは1キロメートルなんだということも、すぐわかってもらえると、私は考えていたわけだ。

　コメント　この仕かけも面白い。「縮尺の目盛りに数字が入っていない」ということには、子どもたちはすぐ気づく。こうして、社会科の地図で学んだ縮尺率を算数の時間で子どもに復習させようとしている工夫は、今日にも通じる方法。が、東井学級の子どもは、縮尺の目盛りに数字がないということには気づくが、そこで止まってしまって、「先生、このものさし、ちょっとへんです」と教師に甘えてしまう。

　東井にとっては子どもから出てくるこの種の甘えは、無念だった—自分が打ち込んだ「発達の最近接領域」、これぐらいのことは自力で考えられるだろうという期待—が外れてしまったからである。それが、小谷から相田、相田から佐々木までの距離は全員知っているはず、なぜそれが出てこないのか、という（次にふれる）苛立ちである。私は、本来短気な東井が、なぜ授業ではこんなにしなやかな展開ができるのか、さらに究明していきたいと思っている。

　ここで東井が期待したことは、縮尺がわかるものはないか、自分たちで探してみよう、発見してみようという「主体的な学び」の気構えの一層の強化ではなかったか、と推測している。では実際の授業ではどうなったか。

　が、子どもたちは、なかなかそれ（縮尺の目盛りの単位—引用者）に気づいてくれない。

　「一きざみがいくらにしてあるか、考えればすぐわかるようにしてあるんだがなあ」と言ってみるが、誰もそこまでは気づいてくれない。と

うとう仕方なく、「小谷部落はここ、相田部落はここ、小谷と相田は1センチぐらい離れているようだなあ」
と言いかけた時、さすがに、
「あっ、この一きざみは1キロメートルだぞ」
「そうだ。1キロメートルだ」
みんなが叫び始めた。そして、早速「但東町」を一つの台形と見て、縮尺を使って距離を測り、面積を計算し始めた。
「先生、162平方キロメートルです」
「162平方キロメートルです」
「わたしもそうなりました」
やっと、大部分の子どもが、公簿上の私たちの町の面積と大略同じ面積を算出してくれたが、思えばずいぶん難儀な「但東町の面積」調べではあったものだ。この苦労は、結局、私の「社会科の授業」の弱さから来たものだと考えた時、私がいつも自分に言い聞かせていることは「一つの教科だけ頑張っても、その教科だけの力をつけてやることができない」を、改めてまた、私自身に言い聞かせずにはおれなかった。
しかし、さいわいに、子どもたちは、ここから先は、愉快な発展を示してくれた。となりの出石町の面積を調べ但東町の面積と比べようとするもの、郡の面積を調べるもの、兵庫県の面積に取り組むもの、琵琶湖の面積に取り組むもの、何時か話した世界一小さな国と但東町を比べて、ぼくらの町の方が大きいぞと威張るもの、「大きいばかりで知恵のないものをデクノボウ（＝木偶の坊）という」と冷やかすもの…というふうに。

コメント　こうして授業は最後に盛り上がって終了。この部分で、まず注目したいのは、子どもが主体に「たぐりよせ」ながら学びを展開していくための仕かけである「発達の最近接領域」の設定には、教師の側に辛抱強く待つ姿勢が要請される。教師の側に苛立ちが生じることを覚悟した上で、それにじっくりと耐える忍耐力も必要。授業中での「省察を介した実験」は、厳密性よりも、蓋然性に基づくものである限り、予想通りでないからと簡単にあきらめない忍耐力が要請されるのは当然だからだ。もう一つ、縮尺率抜き

の地図を作成している時、東井はこれを見て子どもたちはきっと食らいついてくれるに違いないと、縮尺を抜くという構想を思いついてワクワクしていたに違いない、ということにも注目する必要がある。こうして東井は、授業の中での「対話」を「しなやか」に展開していく前提を創り出している。

　この種の教師の忍耐力のおかげで、最後には、子どもたちの「主体的で対話的な深い学び」のクライマックスが成立することが示された。縮尺率を意図的に隠し、しかもその縮尺率がわかるヒントを配布する地図の中に埋め込んでおいて、そのヒント（＝手がかり）を基に縮尺率を確定する（縮尺の1センチは実際の1キロメートルであることを発見する）仕事を子どもたちが「主体的・対話的」に発見していくことを、東井は事前に構想している。この構想は、東井のイライラの所為で完全には成功しなかったが、—「小谷部落はここ、…小谷と相田は1センチぐらい離れているようだな」と言いかけた時…さすがに「あっ、この一きざみは1キロメートルだぞ」「そうだ。1キロメートルだ」とみんなが叫び始めた。—という形で、最終的には、実現する。

　この時、東井同様子どもたちにも「早くわかりたい」「早く但東町の面積を出したい」というイライラがつのってきていたはず。限界値にまで達していたイライラが一気に爆発して、堰を切ったような勢いのある「学びあい」活動が再開される。それが、出石町の面積を調べ但東町と比べようとするもの…以降の「対話的な学び」の盛り上がりとして結実した、と私は解釈している。

　もう一つ、授業の盛り上がりの要因としては、「いつか話に聞いた世界一小さな国」からもわかるように、他の授業時間にその授業内容とは直接関係のない「お話」を東井が普段から数多く差し込んでいること、また「大きいばかりで知恵のないものをデクノボウという」という言い回しなどを差し込んでいること。つまり、算数の面積の授業が単に面積を計算して算出するという単純な無機質な（事務的・機械的な）作業ではなく、面積を出す仕事が一つの豊かな算数・数学的な文化活動＝総合的な学習になっている、ということにも注目したい。このことは、「一つの教科だけ頑張っても、その教科だけの力をつけてやることができない」という東井の自戒のことばからも裏づけられる。これは、最近話題になっているChatGPTでも不可能なことではないか、と私は考えている。

小括

　授業の最後では、子どもたちは教師から与えられた問題を解いているだけではない、教科書に記された問題に取り組んでいるだけでもない。教科書の枠をはるかに超えて、【子どもたちは自ら進んで問題を創り出し、その解を求めることを自分たちの仕事と心得、自分の解をみんなに発表し、みんなでわけあい・磨きあう】という東井が得意とする授業を創り出しているという一つの証拠、と私は考えている。しかもこれが、相田小学校における1960年代までの東井の授業実践である。

　東井が目ざしていた生活綴方的教育方法による授業づくりとは、彼の言葉を借りれば、

> 算数も、社会科も、理科も家庭科も、いつでも、身のまわりの物事を、自分の目、自分の耳、自分の手足、自分の体、自分の生活自体で、ながめ、考え、しらべ、処理していくようなところからスタートし、また、そこへもどっていくような学習を具体化させねばならぬ。
>
> （著作集　3、287）

　を目ざす教育実践なのだ。このような授業づくりを実現するためには、先にも触れたように、どれだけ上手な自転車乗りでも、幅2〜3㎝の道を走ることはできない。タイヤの10倍〜20倍の幅があって初めて、自転車で走ることができる。授業づくりもこれと同じ。先の算数でいえば、［但東町の全体が見渡せない→講堂の地図を見ればわかる→どんな形だったか思い出せない→教室前面の地図に戻れない→配られた地図に縮尺の目盛りが入っていない→なんだ1㎝の目盛りは1㎞か］までの間に、いくつかの「ミチクサ」があった。最近私が読んだ伊集院静（2021）『ミチクサ先生』（講談社）から夏目漱石における「ミチクサ」の意義＝現代を生き抜く知恵を識った。この「ミチクサ」を教師と子どもたちが協働して創り出している。そのことを東井は始めから意図していた。ここに、生活綴方的教育方法による授業づくりの秘訣がある、ということが明らかになった。

　そして、東井のように、「みんなでのわけあい・磨きあい」をやっておれ

ば、教科書の教材を終わることができないのではないかという不安は、全く
の杞憂であることも明らかにすることができた。話は飛ぶが、今盛んに言わ
れているGIGAスクールにおける「個別最適化」でこのような「ミチクサ」
を適宜打ち込むことができるのだろうか、私には疑念が残る。

　（本章は拙著『東井義雄　子どものつまずきは教師のつまずき』の第1章「『対
　話的』なまなび」、第2章「主体的な学び」を大幅に加筆修正して再構築した。）

（註）
伊集院静（2021）『ミチクサ先生』上・下、講談社。
『東井義雄著作集2』。
『東井義雄著作集3』。
『東井義雄著作集5』。
東井義雄（1981）「若い教師・友人への一言」『授業研究』227号。
豊田ひさき（2018）『東井義雄　子どものつまずきは教師のつまずき』風媒社。
日本教育方法学会編（2014）『教育方法学研究ハンドブック』学文社。

第5章　深い学びの授業づくり

第1節　ダイナミックな授業展開

村をささえる橋

　授業は5年国語「村をささえる橋」(『5年生の国語　下』学校図書)、直前の教材は「稲むらの火」。学級の子どもは12名。文のあらすじは、

> 　水が乏しいため、産業は興らず、だんだん疲弊していく白糸村(＝現在の熊本県益城郡山都町──2016年4月14・16日の熊本大地震に襲われた──引用者)のために、庄屋布田保之助は、艱難辛苦の末、木製の高く長い橋を谷にかけ、その上に木製の水路を通した。しかし、いよいよ水を通してみると、艱難辛苦の橋と水路は、ひとたまりもなく崩れおち、無残な木片と化してしまった。
> 　にもかかわらず、罵声の中に立ち上がった保之助は、再び綿密な調査・研究を重ね、石橋と石の水路をつくり、命がけでそれを完成し、ついに村を救った。

　授業はどのように展開していったか、「わけあい・磨きあい」場面の一部を引用しておく。

> 　よし、今度は、できるだけ確かな調査と研究をしてからとりかかろう。
> …(中略)…
> 石の管は、大きな石に四角なあなをくりぬき、この管のつぎ目には、自分で考えだしたしっくいをつめこんで、一てきも水ももれないようにした。こんどは、石材さえも、一つ一つかなづちでたたいてみるほどの注意深さであった。

わけあい・磨きあい

前田 ＝「よし」は「稲むらの火」の五兵衛さんが、「よし」とさけんで
　　　家にかけこんだところににています。

岸下 ＝この「よし」は、こんどこそはとたちあがっていく、保之助の
　　　決心の「よし」だ。保之助は、この前ひどい失敗を、この「よ
　　　し」でつきやぶったのだ。

衣川 ＝ぼくは「こんどは、できるだけ確かな調査と研究をしてからと
　　　りかかろう」の「から」がだいじなところだと思う。この前は
　　　「すぐ実行」して失敗した。保之助は、この前の失敗は「すぐ実
　　　行」したからだと考えているのだろう。

真田 ＝衣川君は、第一回目の時は「すぐ実行」したから、だめだった
　　　というが、あの「すぐ」の中には、よい方法を考えついたので、
　　　はやく村の人をよろこばせてやろうと思った保之助の心があら
　　　われていると思う。

　　　　　　　　　　…（中略）…

真田 ＝前は木でつくって、水のいきおいでふきやぶられたので、こん
　　　どは「石の管」にしようと考えたのだろう。

宮崎 ＝石に四角なあなをくりぬこうと思ったらたいへんなことだった
　　　ろう。木製のにくらべると、大へん骨がおれたことだろう。

小林 ＝石にあなを「くりぬき」だから、えらい目だ。これはかんたん
　　　なことではない。えらいことだ。一つのあなをくりぬくのでも
　　　たいへんなのに。

牧井 ＝「この管」というのは、四角なあなをくりぬいた管のことだ。

樫本 ＝「自分で考えだしたしっくい」というところは、前に書いてあっ
　　　た「などを研究」と、ひびきあっていると思う。「一てきももら
　　　さず」というところは、「正確に組みたてていった」というとこ
　　　ろとひびきあっていると思う。

西川 ＝「一てきの水も」というところは、保之助さんの「こんどこそ」
　　　という気持ちのあらわれているところだと思う。

岸下 ＝「しっくい」というのは、すきまにつめられるほどやわらかい
　　　ものらしい。そして、かたまると、とてもかたくかたまるもの

らしい。

多根＝ぼくも「一てきの水ももれないよう」というところには、保之助さんの「こんどこそ」という意気ごみと、用心ぶかさがこもっていると思う。

小林＝前には失敗したから、「こんどは」と、きばって（頑張って）いるのだろう。そして、こんどは、石材みたいな、かたくて、ぜったい大じょうぶなものでも「たたいてみるほど」用心していることがわかる。

多根＝石みたいなものでも気をゆるめないのだから、ほかのものにはどれくらい用心したかがわかる。

西川＝石をたたいたことがだいじなのではなく、かたい石でもたたいてみるほどの「注意ぶかさ」が保之助のえらいところだ。

○　＝西川君のその読みとり方、しっかりしているぞ。

福田＝石材さえも「一つ一つ」注意したところがえらいと思います。「一つ一つ」だから、どれもどれもです。

真木＝「石材さえ」は、石材のようなかたいものでもというわけのほかに、ほかのものにはどれくらい注意ぶかくしたかわからない、というわけがふくまれていると思う。

○　＝その「さえ」の考え読みも、きょうの文化勲章のねうち（＝東井がよく使う「ねうちづけ」―引用者）がある。

一本橋の上で、笑って、笑って。

『村を育てる学力』初版、中表紙より

授業分析

　引用が長くなったが、この部分だけ見ても、東井の授業が「問い—答え」という未だに見受けられる旧式の一問一答式の授業speak toから完全に離陸していることがわかる。また、一つひとつの子どもの発言の長さからも、その場での薄っぺらな思いつき発言ではなく、一つひとつの言葉にこだわりながらじっくりと「考え読み」して「ひとりしらべ」ノートに書いてきたものを基に発言している様子が窺える。子どもの発言に比べて教師の発言が極端に少ないにもかかわらず、子どもたちはぶれることなく「みんなでのわけあい・磨きあい」を進めていくのが東井授業の特色。「対話的な」talk withの授業になっている。withする部分が子どもたち同士の間で、そして教師との間でも幾重にも共有されている証だ。

　これは、仲間の発言を子どもたちがしっかりと聴き取った上に、次の自分の発言をつけ加えていく—しかも、一々教師の指示を受けることなく—授業を自分たちで進め・展開している証拠。「主体的な学び」という場合の、「主体的」とは、東井の授業では、これだけの「深さ」と自律性が要求されている。この時の教師の指導性は、ファシリテーターという役割に徹している。そして、子どもたちが「主体的に対話」しながらみんなで「わけあい・磨きあう」仕事をしている証拠、と私は考えている。

　少ない教師の発言の中で、的確に子どもの「考え読み」の行為や発言を「ねうちづけ」、評価（＝「指さし」）していること—間接的指導＝いわゆる「ファシリテート」—も見逃してはなるまい。これも東井の優れたタクト。東井の場合、ずばりと決まる「主発問」が前面に出てこないのも大きな特徴。この点で、斎藤喜博の「ゆさぶり発問」とは決定的に異なる*。

　それに、先に引用した対話から、これから「（ひとりしらべ）ノート」を分析していく小林は、他の子どもよりも特に優れている子どもではなく、ごく普通の子ども、ということも窺える——この点は、小林と同級生である現「白もくれんの会」会長衣川清喜氏に私が直接聴いて確認している。

　　＊「ゆさぶり発問」については、豊田ひさき（2007）「発問と『ゆさぶり』論争」
　　　（豊田著『集団思考の授業づくりと発問力』明治図書、所収）を参照。

第2節 「ひとりしらべ」ノートの分析

教師と子どもの協働

では、本格的に小林弘（先の「わけあい・磨きあい」で2度発言している）の「ひとりしらべ」ノートの分析に移ろう。以下は、先の授業を受けて、小林が家で書き直し、書き直ししながら作り上げたノート。（＜　　＞内ゴチは教科書の文章）

＜熊本の町の東南、あその山すそを流れる緑川……＞

　あその山といえば、あそ山のことだろう。この山はふん火している山だ。ラドンのえいがをみると、この山がふん火して、ラドンがしんでしまうところが映る。えいがだからあのはなしはつくりごとだけれども、この山がおそろしい火山であることはほんとうだ。「すそ」というのは、「きもののすそ」「ふくのすそ」というように、下のはしっぽの方のことだ。

コメント　相田小学校5年生の小林は、おそらくまだ本物の阿蘇山を見たことはないであろう。そして映画で阿蘇山が噴火する場面を思い出し、阿蘇山が恐ろしい活火山であることをイメージすることに「熱中」している。しかし、あれは映画で「つくりごと」（虚構）が含まれているということもきちんと分別した上で、本物の阿蘇山は噴火をする恐ろしい火山であるという客観的な認識に至る。ここからは、小林がパトスだけに流されることなく（映画は「つくりごと」）とロゴスとも統一しようとする「主体的な行為」が窺える。

　さらに細かいことだが、「『すそ』というのは、『きもののすそ』『ふくのすそ』というように、下のはしっぽの方のこと」だ、と一つひとつの言葉の訳も確認している。この種の作業を子どもがしてくれることによって、教師は、たとえば小林はこの言葉をきちんと理解しているな、と確認することができる。子どもたち一人ひとりにきちんとした学力を育んでいくためには、教師に不可欠な点検作業だ。この点検作業を助けてくれるのも、子どもたちが書く「ひとりしらべ」ノートである。

なお、ラドンが上映されたのは、私も子ども時代の1956年頃。当時5年生の小林さんは、ご存命なら2023年現在76歳になっておられるはず。

＜まわりは緑川と、その支流にとり囲まれているが……＞
「いるが」の「が」は、その次にはんたいのことがらが出てくる前ぶれのことばだ。

＜水田は開けないし、作物でさえ……＞
「開けないし」の「し」で、おなじようなことがまだほかにもあることがわかる。「作物でさえ」で作物だけでなく、なんにもぐらいできないことがわかる。

＜場所によっては、飲水にもこまるほど……＞
「飲水にも」の「も」で、飲水だけでなく、なんにもぐらいこまっていることがわかる。

＜村の人たちは、毎年、よその村々の田が緑の波をうつのをながめるにつけ、それが豊かに実ってこがね色になるのを見るにつけ、ただ、ため息をつくだけであった。＞
…たち＝ため息をつくのは一人や二人でないことがわかる。
毎年＝今年や去年だけでのことではないのだ、いつもだ。
ながめるにつけ…みるにつけ＝なにをながめても、なにをみてもためいきがでるのだ。
それが＝緑の波うっているいねのことをいっているのだ。
ただ…＝ほかにはどうしようもないのだ。ためいきをつくだけで、ほかにしあんはないのだ。

コメント　小林が、「が」「さえ」「し」「も」「ほど」「だけ」…などの助詞を、それぞれの作用まできちんと押さえながら盛んにイメージを膨らませていることがわかる。先に「わけあい・磨きあい」の部分を分析した際に、子どもたちは一々教師の指示がなくても文脈から大きくズレることなくどんどん対話を継続していく事実を指摘した。なぜ、このようなことが可能か。その秘密は、東井学級の場合、多かれ少なかれ全ての子どもが小林のような助詞まできちんと押さえながら「ひとりしらべ」ノートを書いていることにある、と私は判断している。つまり、withしあうツールである「ひとりしら

べ」ノートの内容を全員がおおむね共有しているのだ。

　未だに多く見られる風景としての「話しあい」に東井は、厳しい注文を付けている。たとえば、次のように（著作集4、151）

　　授業の中に「話しあい」とか「話しあわせる」とかのことばを見ないことはないが、実際の授業で、「これがほんとうの"話しあい"」というのは、めったにみられないものである。…（中略）…子どもと子どもで討論しているという形をみることがあっても、体と体をふれあわせるような感じの討論は珍しく、キンキンしたとがった声で、「ほんね」とは別に「へりくつ」を戦わせているといった感じのものが多い。…（中略）…私自身、なんとか、ほんとうに「ほんね」と「ほんね」「体温」と「体温」をふれあって、育ちあい、高まりあうような形を探りあてたいというねがいだけはもっているが、なかなか、そういう形の授業は生み出せないでいる。

　授業を参観して、子どもたちの「キンキン」と甲高い声での「話しあい」に何度も苦い経験をしてきた私も、東井のこの指摘に賛同する。

　このことは、先に引用したみんなでの「わけあい・磨きあい」の授業場面からも証明されよう。国語科でいえば、一つひとつの言葉、さらには言葉どうしの関連—たとえば、東井の授業でよく出てくる○○と△△は「ひびきあっている」、「山びこしている」—にまで目配りしながらイメージを膨らませる仕事、つまり、教科書に書いてある共通の言葉や文（ロゴス）を根拠に「私はこう思う」「私はこう感じる」とそれぞれ各自の情動（パトス）をも動員してイメージを膨らませていく「日常語」によるtalk withの仕事が授業前にも、授業中にも、そして授業後にも、為されている。

　この解釈が妥当なら、国語科に限らず他教科の授業でも、東井が言う「教科の論理」（ロゴス）と「生活の論理」（パトス）を統一する授業は、

【『日常語による主体的な学び』をつくり出す教師と子どもの協働の仕事】

と、定義することも可能になってくる［仮定1］。

「ひびきあい」探し

授業を少し端折って、木製の水路を完成させ、試験的に水を通す場面に移ろう。

> **＜はげしい水の力で、水道は、ひとたまりもなくふき破られ、木片は、深い谷底へばらばらになって落ちてしまった＞**

はげしい水の力＝前に書いてあった「とうとうと（流れる）」ということばとひびきあっている。

「むこうの村にはじゅうぶんな水がある」の「じゅうぶん」ともひびきあっている。

ふき破られ＝「ふき」で水の「はげしい」力がわかる。また、木製の水道のよわさもわかる。水の力に水道の力があっさりまけてしまったのだ。

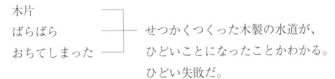

木片
ばらばら ──── せつかくつくった木製の水道が、
おちてしまった ──── ひどいことになったことかわかる。
　　　　　　　　　　ひどい失敗だ。

> **＜けれども保之助の志はくじけなかった＞**

けれども＝ひどい失敗をしたが、というわけがふくまれている。

保之助の志＝なんとかして白糸村に水をひこうという考えのことをいっている。

くじけなかった＝あんなひどい失敗をしているのに、考えはかわらなかったのだ。ぼくは、保之助のえらいところはここだと思う。ぼくはスキーを作る時、失敗してくやしいので、かなづちでスキーをこなごなにしてやった。保之助さんはまけていない。保之助さんはここがえらい。

> **＜村の人たちに何といわれようと、村の幸福を思う気持ちは消えなかった＞**

村の人たちが、いろいろひどいことをいったらしい。それでも、保之助は村の人たちの幸福のことを考えているのだ。二宮金次郎が、木をおいながら勉強したのを、村の人が笑った。それでも金次郎は勉強を

やめなかった。えらい人は心が強いのだ。心がぐらぐらしないのだ。保之助はひどいことを言われても心がかわらないだけでなく、ひどいことをいう人たちの幸福を考えている。ここが保之助のほんとうにえらいところだ。

 コメント　激しい水の力の「はげしい」は、前に書いてあった「とうとうと」や十分水があるの「じゅうぶん」とも「ひびきあって」いる、と小林は「ひびきあう」という用語を使いながら読解を深めていく。with するツールの一つが「ひびきあう」という用語。ここで彼は、「ふき」で水の激しい力、「また、水道のよわさ」もわかる、と水の力と水道の弱さとの関係性を認識することを土台にして、水の力に水道の力が「あっさり」負けてしまった状況を一層リアルにイメージしている。また、自分がスキーを作る時、失敗した悔しさのあまりスキーを粉々にしたのと比べて、失敗に負けない保之助の「えらさ」のイメージをさらに深めている。
 「ひどいことをいわれても心がかわらないだけでなく、ひどいことをいう人たちの幸福を考えている。ここは保之助のほんとうにえらいところだ」などは、小林がいかに「主体にたぐりよせ」ながら認識を深めていっているか、彼の「熱中」と「根気」強さが伝わってくる。この「保之助」だけでなく以前に習った「二宮金次郎」まで引き合いに出すことによって、「保之助」の偉さを相対化しながら、再認識しようとしている姿が窺える。こうして小林には、保之助や二宮金次郎という「他者を鏡として、自己を理解しようとする」態度が形成されつつあることが窺える（鈴木晶子（2011）『教育文化論特論』、98）。この状況こそ、「主体的な学び」が生じている証といえよう。

論理的追求と主体性
少し省略して石橋を作る場面へ移ろう。

 ＜しかし、それはたいへんな努力と、費用がかかるし、なんといっても、むずかしい大工事である＞
 しかし＝前と反対のことがでてくることがわかる。前はせいこうするというようなうれしいことが書いてあったから、今度は、反対に苦し

いことがでてくるとわかる。

ひ用がかかるし＝「し」で、もうひとつおなじようなことがあることがわかる。

むずかしい大工事＝前に書いてあった「容易なことではない」とひびきあっている。

それには＝保之助の考えを成功させるには、ということ。

＜よし、こんどは、できるだけ確かな調査と研究をしてからとりかかろう＞

よし＝何か考えたようだ。

こんどは＝前の失敗のことを思いだしながらいっているようだ。

できるだけ確かな調査と研究＝はじめの時にはこれがたりなかったから、こんどは、できるだけ確かな調査と研究をしてからとりかかろうとしているのだろう。第一回目の時の「すぐ実行に移した」ということばとひびきあった考えのようだ。失敗してもえらい人は、その失敗を役に立てていくところがえらいのだ。えらい人でも失敗することはあるのだ。ぼくは、教室のかざり係りだが、なかなかうまくいかない。ぼくはうまくいかないと、すぐあきらめる。保之助さんはあきらめない。そこがぼくとちがうところだ。ぼくも係の研究をしたら、うまくいくようになるのだろうか。

（東井の）註　この子どもの読解は、ずいぶん論理的であり、教科の論理のおさえ方も鋭いものを持っているが、その論理的追究の底には、強じんな主体性が働いていることがわかる。はっきり、「自分」というものを持ち、「自分」というものを確立するために読み、「自分」というものを育てるために、論理的追究をやっている。というように感じられる。

コメント　東井は＜註＞で、小林の「読解は、論理的で、教科の論理のおさえも鋭い」と指摘した後、「（が）、その論理的追究の底には、強じんな主体性が働いている」と記している。ここで東井は、「（小林は）はっきり『自分』というものをもち、『自分』というものを確立するために読み、『自分』というものを育てるために、論理的追究をやっている」として、「教科の論

理」をしっかりと押えることを通して初めて「生活の論理」を太らせていくこともできるという自分の授業観を主張している。このように整理して、私は阿部昇（「読み」の授業研究会代表）の次の文章を思い出す（阿部（1996）『「説明的文章教材」の徹底的批判』、68）。

> 今までの説明的文章の指導では、この部分（「構造分析」「論理分析と総合」に基づいて、文章について吟味していく）があまりに弱かった。しかし、この文章を吟味し評価していくという過程があってこそ、子どもたちは、本当の意味で主体的な読み取りをしていくことができるのである。そして、将来、社会人となった時に、自立した人間として、世界を社会を切り開いていけるのである。その意味で、この過程を持たない説明的文章の指導は、何と言おうと、客観的に子どもたちの主体性を奪い、子どもたちの将来の自立を妨げているということになると思う。

　東井と阿部の授業観の親しさと、東井学級の5年生の子どもたちがここまで読解力を鍛えられていることに驚くのは、私一人ではあるまい。小林はここでも、ことば相互、段落相互、文相互の論理関係を読み解いていく仕事の中で、「できるだけ確かな調査と研究」のところでは前回と今回を比べながら、「失敗してもえらい人は、その失敗を役に立てていくところがえらい」「えらい人でも失敗することはあるのだ、ぼくは…」と自分にたぐりよせ、自分と同じところがあると感じながらも、「ぼくはうまくいかないと、すぐあきらめる。保之助さんはあきらめない。そこがぼくとちがうところだ。ぼくも研究したら…うまくいくようになるのだろうか。」とまだまだ未熟な自分の「生活の論理」を太らせていこうとしている様子が窺える。
　東井は、このように小林が自分に「たぐりよせ」ながら読んでいることに関して、別なところで次のようにまとめている（著作集　2、79）。

> 保之助の生き方を、自分の生き方の上へ「たぐりよせる」（三木清の『歴史哲学』を支える言葉）というかまえが「意欲」を貫いている。私は「勉強意欲」には、このように、自分の方へたぐりよせて、主体化してい

く構えを育てたいものだと思う。

　もう一つ付け加えておけば、授業で「よし……」の部分をみんなで「わけあい・磨きあう」時には、[「よし」は「稲むらの火」の五兵衛さんが、「よし」とさけんで家にかけこんだところににています。どちらも、大じな決心をしている「よし」です。]という発言の後、しばらく「よし」をめぐっての「わけあい」が続いている。それを聴いて学んだ上での小林のノートである。すなわち、第一節冒頭の「わけあい・磨きあい」の部分。小林一人での読解作業ではなく、みんなで「わけあい・磨きあう」結果としてのノートであることも忘れてはなるまい。繰り返すが、「主体的で対話的な」学びを介しての「深い学び」なのだ*。

　　＊豊田ひさき（2016）『東井義雄の授業づくり　生活綴方的教育方法とESD』（207）
　　参照。

学びの主体化
　石橋が完成した場面に移ろう。

　＜それから１年８ヶ月の後、深さ 30 メートル余りの谷間に、巨人の
　　ようなめがね橋ができあがった＞
　１年８ヶ月＝大ぶんかかっている。こんな長い間、用心を重ねたのだろう。
　深さ 30 メートル余り＝なかなか深い谷だ。こんな谷に橋をかけるのだから苦労がいったはずだ。30 メートルといったら、この学校の高さを二つ半よせたぐらいだ。ぼくは１メートル 50 ぐらいだから、ぼくのせいの高さの 20 倍だ。大きな工事をしたものだ。
　巨人のような＝ 30 メートルもの深さの谷に、つよい石の橋をかけたのだから、巨人のように見えるのは当たり前だ。
　＜その橋の上に三すじの石の水道が作られている＞
　その＝巨人のような橋のこと
　作られている＝もうできあがっているかき方だ。
　＜橋の中ほどには、余分の水をはき出す水ぬきのあなさえ作られている＞
　ここにはなぜ「さえ」がつかってあるのだろうか。

何から何まで考えてあるということをしらせる「さえ」のようだ。この前に橋の大きいことが書いてあったので、今度は小さいことを書いたのかもしれない。

＜この水道の構造こそは、保之助の研究と苦心の結晶である＞

こそ＝これがあるのとないのとでは大ぶちがう。こそがあると保之助さんがよけいえらいようだ。

＜落ちこみ口から入った水は、はじめ急なしゃ面を 20 メートルぐらい
　　勢いよく流れ落ち、つぎにたいらな橋の上を 70 メートル余り走る＞

ここをまとめると、水がどうなるか、ということだ。「勢いよく流れ落ち」た水が 70 メートル余りも、百メートルきょうそうのように「走る」ようすを考えると、何だかいせいがいいようだ。

＜その勢いで、こんどはまた 20 メートルぐらいの間をおし上がって、
　　対岸にふきあげるようにしたものであった＞

そのいきおい＝橋の上を７０メートルあまり走ったいきおい。

こんどは＝何回もいろいろして水がくる。

おし上がって…ふきあげる＝きつい水のいきおいが感じられる。ここぜんたいをまとめると、まえに「この水道の構造こそは」とかいてあったあれの説明のようだ。「こそ」はじまんしてあることばのようだが、ほんとうにじまんしてもよいようなうまい構造にしてある。

　コメント　小林はまず、「30 メートル」の高さを、自分たちの学校の高さと比較してその 2.5 倍もの高さだとイメージする。さらに、自分の身長と比べてその 20 倍だと推論する。身近に見ている学校と比べるだけでは満足

せず、自分の身長の 20 倍の高さがある、と自分が谷底から石橋を見上げる像をイメージしている*。30 メートル下の谷底から見上げる自分の目線でここを読めば、「巨人のように見えるのは当たり前だ」と思わせる像がいわゆる「頭の中のテレビ」に映ることも想像

できよう。

　ここまで強く「日常語レベルで主体にたぐりよせる」ことによって、小林は「大きな工事をしたものだ」とよりリアルにその大きさ、偉大さを身体を以て感じている。小林の学びの「主体化」は、これほど「深い」。

　　＊谷底から橋を見上げるこの小林のイメージは、現在では、谷底から放水場面＝先
　　　の写真を見上げる観光スポットになっている。⇨自分の身長と比べて谷底から見
　　　上げる小林の着眼点＝その「構想力」の素晴らしさの証にもなる。
　　　なお、ここまで原稿を書いてきた 2023 年 6 月 23 日、この通潤橋は文化審議会答
　　　申で、橋としては初めて国宝に指定されることが決まった（https://kumanichi.
　　　com 6 月 23 日より）。

　これも、東井が長い時間をかけて何回も何回も、子どもに自分の主体をくぐらせて、日常語レベルでイメージしたり、考えたりしたことをノートに綴らせる。そしてその結果を発表しあい、みんなでわけあい・磨きあう「対話的で深い学び」talk with を積み重ねている証拠といえる。

　「作られている」が過去を表しているという押え。次の「ここにはなぜ『さえ』が使ってあるのか、「このさえは、何から何まで考えてあるということをしらせる『さえ』のようだ」という押え。小林は、このように文章を論理的に読み込んでいき、さらに「この前に橋の大きいことが書いてあったので、今度は小さいことを書いたのかもしれない」と、この前には大きいことが、そして今度は小さいことが書いてある、と構造的に文章を読みこんでいく術も身につけていることがわかる。これらの術が既に十分に主体化されている証拠といえる。

　「この水道の構造こそ…」の「こそ＝これがあるのとないのとでは大ぶちがう。これがあると保之助さんがよけいえらいようだ」という彼の表現は、「よけいえらい」という言葉で、「保之助の研究と苦心の結晶」の中身をパトス的にも理解している証拠と言える。

　「ここをまとめると、水がどうなるか、ということだ」と、ここでも彼が、文章を構造的に読み込んでいることがわかる。

　「『勢いよく流れ落ち』た水が 70 メートル余りも、百メートルきょうそうのように『走る』ようすを考えると、何だかいせいがいいようだ」も、自分が、百メートル競争を走る様子を思い浮かべながら、つまり、自分の走りより早いのだろうかなどと、「日常語レベルで主体にたぐりよせ」ながら考え

た結果として「なんだか威勢がいい」と結論したものと思われる。

　こうして「何回もいろいろして」勢いをつけた水は、最後に自力で「押しあがって…ふきあげる」という仕かけ＝「この水道の構造こそ」が「保之助の研究と苦心の結晶」である、という形で「逆サイホンの原理」の応用であることを彼なりに理解しようとしている様子が窺える。学校で「逆サイホンの原理」は習っていないと思われるが、この文章から５年生の小林なりに想像して、「『こそ』があると保之助さんはよけいえらいようだ」と結論づけたものと推測される。「日常語レベルの主体的な学び」が「深い学び＝『逆サイホンの原理』をイメージできる」根拠になっている一つの典型的な証明と言える。

共感と応答

＜いよいよ、水を通す日が来た＞

いよいよ＝待っていたような感じのことばだ。成功するか、失敗するか、ひやひやさせるようなことばだ。

＜礼服を付けて静かに橋の上にすわっている保之助のすがたを見た時、役人も、村人たちも、はっと心を打たれた＞

なぜ礼服をつけてすわったのだろうか。もしも、まえの木製の水道だったら、木片といっしょに、ばらばらになって谷底に落ちてしまうだろう。そうすると、保之助は、失敗したら橋といっしょに死ぬつもりかもしれない。それで、死にぎわをかざるために礼服をつけているのかもしれない。ぼくは「調べるだけ調べた…」というところと、この「静かに」とひびきあっているような気がする。ぼくでも、しゅくだいをわすれていたり、わるいことをしていたりすると、びくびくするが、ちゃんと、することがしてあると、静かな心持でおれる。それにしても、石橋といっしょに、ぐにゃぐにゃになってしまうかもわからんのに、「静かに」すわっておれる保之助さんはえらい。もう、これまでから自分のいのちは村のために、という心でやっていたから、こんな時「静かに」しておれるのだろう。役人も村人たちも、保之助さんはいのちがけだったことがわかって「はっ」と心をうたれたのだろう。ここはまとめると、保之助さんの心が書いてある。

コメント　小林は、「いよいよ＝まっていたような感じ…成功するか、失敗するか、ひやひやさせることばだ」と「同化」した後、［なぜ礼服⇨失敗したら死ぬつもり⇨でもそうすると、「静かに」はすわれないはず⇨こんどは自信がある⇨調べるだけは調べたとこの「静かに」はひびきあっている⇨ぼくでもそうだと自分にたぐりよせ、それにしても…保之助さんはえらい⇨自分のいのちは村のため⇨（だから）こんな時「静かに」しておれる⇨（見ていた）役人も村人たちもいのちがけだとわかって「はっ」と心をうたれた］と、何重にも思考を重ね、ここをまとめると、保之助さんの心が書いてある」と、この段落をまとめている。

　ここでも、ロゴス的な側面とパトス的な側面を統一する［共感と応答を積み重ねる］仕事をすることで読解が深化されていくという「見立て」が成り立つ。恩師吉本均の言葉を借りると、小林は、「保之助の中に自分を見る」共感と「自分の中に保之助を見る」応答の行為を行いながら、読解を深化させている[*]。

　　※『吉本均著作選集3』明治図書、2006、177。

主題に迫る

最後の部分を小林は次のように書いている。

　　＜橋の名は通潤橋と名づけられ、それから、百年余りたった今もなお、深い谷間に、にじのようなすがたをよこたえ、村の生命を支える柱となっている＞

　ぼくなら保田橋と名づけたいようだ。それでも、保之助さんが、そんな名はつけさせないかもしれない。

　百年余りを経た今日もなお＝百年余り前とかわらず、びくともしていないのだろう。確かな調査と研究をしてしたことだから、こんなにつよいのだろう。大ぶんりっぱなものでも、百年たったら、いたんでくるはずだ。保之助さんは死んでも、保之助さんの、村の幸福を考える心は死なずにはたらいているのだ。村を支える橋だのに「柱」といっているのはなぜだろう。家の大こく柱にたとえてあるのだろうか。この文は、はじめ、むかしの白糸村のことを書き、今の白糸村のことを

書いて、むかしと今との間に橋をかけるようなしくみになっている。

　コメント　僕なら「保田橋」と名づけたいが、と自分の気持ち（パトス）を出すが、「それでも…保之助さんが、そんな名はつけさせないかもしれない」（ロゴス）と否定している様子が窺える。ここでも、「保之助さんの中に自分をみる」共感と「自分のに中に保之助さんをみる」応答の関係がみられる。「百年たったら、いたんでくるはず」だがこの橋は「びくともしない」ともう一度、「確かな調査と研究」の結果を小林は確認している。そして、「保之助さんは死んでも…村の幸福を考える心は死なずにはたらいている」⇨「村を支える橋」なのに「柱」と書いてあるのはなぜだろう⇨「家の大こく柱にたとえてあるのだろうか」と、ここでもロゴスとパトスを統一することを介して、思考を深めていることがわかる

　最後の「この文は、はじめ、むかしの白糸村のことを書いておいて、むかしと今との間に橋をかけるようなくみたてになっている」と、文全体の構造をとらえ直しながら、橋なのに柱と書いてある…昔と今との間に橋をかけるような組み立てになっていると主題に迫っているところからは、小林には文章を構造的に読んでいく力が相当育まれていることが窺える。全校児童が100名にも満たない小さな村の学校で、1950年代末に、5年生の子どもにここまで「深く」読み込ませるだけの授業を展開していた東井の指導力に驚く。

　以上の小林ノートを、東井自身はどうとらえていたか。ここまでノートを紹介した後で、東井は次のように記している。

　　ずいぶん長い「ひとりしらべ」である。これだけのものを調べ上げるだけの根気と、努力と、熱中が、あの子にもできてきたかと思うと、私はうれしい。
　　これは、もちろん、あの子だけの努力や根気でできることではない。ほかのみんなの、熱中と努力のふんい気があったればこそ、できたことである。私は、それを思うと、よけいうれしい。
　　子らはみんな、それぞれの背骨をのばして、育ちつつあるのだ。

　「ずいぶん長い」「ひとりしらべ」と東井は言っているが、私がここに引用

したのは、その半分にも満たない。それはさておき、先の東井の記述からは、小林の「ひとりしらべ」ノートを紹介しつつ自分がこの子どもたちとここ2年間やってきた生活綴方的教育方法＝【「ひとりしらべ」⇨「みんなでのわけあい・磨きあい」⇨「ひとりしらべ」】という学びあいのサイクルに則って子どもたちと協働して努力し続けてきた授業づくりが、自分でもまあ納得できる状態にまで達した、と判断していたものと推測される。

　最後の「子らみんな、それぞれ背筋をのばして、育ちつつある」という記述にも注目したい。これは、小川太郎（1907〜1974）の次の文章とも重なるからだ（小川太郎（1969）『生活綴り方と教育』明治図書）。

　　　○教育活動というものは、国語科に限らず、教科と教科外とに関わらず、常に、知識や技術の教育という側面とともに、人間の教育という側面をもっている。学力をつけるというはたらきとともに、人間をつくるというはたらきをもっている。この二つの側面が正しい人間像の形成を目ざして統一されていることが、教育活動の望ましい姿なのだ（169）。
　　　○生活綴方的教育方法は教育の一般的な方法であるということは、生活綴方をどの教科でも使うということではなくて、生活綴方が人間の生活と願望を真実に書きあらわし、認識し、自覚し、伝えあい、そのことによって、教育全体を正しい基礎の上に立たせるということだと私は考えている（175）。

　つまり、東井の生活綴方的教育方法に則った授業づくりは、上に引用した小川が把握する生活綴方教育方法に則ったものでもあった、と結論づけることができる。
　これで、国語科に限らず他教科の授業でも、東井が言った「教科の論理（＝ロゴス）と「生活の論理」（＝パトス）を統一する授業とは、

【日常語レベルでの主体的・対話的で深い学び」をつくりだす教師と子どもの協働の仕事】

と定義することも可能になってくるという［仮定1］の検証作業を終わる。

夕焼けの小便

　子どもがどれだけ「深い学び」をしたかは、子どもが書く「3.ひとりしらべノート」を見れば、よくわかる。このことは、小林弘の「村にかける橋」のノートから、私があれだけ細かな授業分析ができる程の情報の質をもっていたことからも明らかであろう。もちろん、これは、国語科の授業だから可能だったのではない。東井の場合、どの教科であれ、「結果に至るまでの過程」を綴ることを子どもたちに課していた。この点で面白い例＝図画を、東井は紹介してくれている。

　　K 君が、農繁休暇中（1960 年代中頃まで、春＝田植え期と秋＝稲の収穫期
　　―引用者）に描いた図画を提出した。東井は、図画でも、それを描いた
　　後で、画用紙の裏に、なぜこの絵を描いたか、何がいちばん描きたかっ
　　たか、むずかしかったのはどこか、どこをどんなに苦心したか、とい
　　うようなことをよくやっていた。
　　K が出した絵は、あまりにもつまらない図画だった。画面には、まこ
　　とに不器量な黒猫が、棒のようなしっぽをあげて、小便をする絵が描
　　かれていた。いくら忙しかったにせよ、黒猫の小便の図画なんか描いて、
　　人をばかにする気か、と考えたからである。…（中略）…彼は、文を書
　　いてくれていたのだが、わたしは、読みながら、うれしくなってしまっ
　　た。それには、次のような文章が書かれていた。

　　僕は、のうはん休みの間、いつも、ばんがた（夕方）になると、かわら
　　に、牛をはなしにいきました。
　　こないだいきょったら、牛が、ぽんこ、ぽんこはしって、ぼくが、な
　　んぼとまれといってもとまりません。ぼくが、ふうふういいながらは
　　しってついていくと、とちゅうで、牛が、とこんととまってしまいま
　　した。
　　こんどは、ぼくが、いくら「はち」といっても「しっ」ちいっても、
　　いごきません。おかしいと思っていると、ぼうのようなしっぽをあげ

て、しょうべんをこきはじめました。そのとき、むこうのゆうやけが
しょうべんにうつって、とても美しかったです。ぼくは、うまれてから、
あんな美しいしょうべんを見たのは、はじめてです。

これを読んで、わたしは、うなってしまった。黒猫とばかり思ってい
たのは、黒猫ではなくて、実は、牛だったのだ。なるほど、画面をな
がめ直してみると、つのらしいものがかかれている。が、それにしても、
これは生まれてからはじめてみるすばらしく美しい牛の小便の図画で
あったのだ。なるほど、バックには、赤のクレパスが一画に塗りたくっ
てある。夕焼けなのだ。その赤い色は、たしかに小便の中にもまじっ
ている。
　私は教師であることの喜びを、体中に感じた。「これだから、このしょ
うばいがやめられないのだ」と思った（著作集、1、54）。

　この東井のエピソードから、図画を書きあげるまでのプロセスをこの子が
綴らなかったら、そして教師がそれを見なかったら…、と思うと、ぞっとす
るのは私だけではあるまい。教師は誰でも、日常的に、このような危機と背
中合わせであることを認識しておく必要がある。教師が、知らず知らずの間
に陥ってしまう傲慢さを、防ぐためにも。

教師がつまずく
　東井は小林の「ひとりしらべ」ノートを紹介して、「（この）授業づくりが
自分でもまあ納得できるという状態まで達した、と判断していたと推測され
る」と先に記したことに対しては、補足説明がいる。それは、『学習のつま
ずきと学力』が再収録された『著作集2』（267）の「解題」で東井が以下の
ように記していることを無視できないからである。

　私がいくら心して子どもの生活の論理を予想し、予想してかかっても、
子どもは、巧みに私の手からぬけ出して、私の授業をつまずかせ続けた。
そして気がついてみると、私の手からすり抜けていった子どもは、や
はり、それだけの理屈をもち、論理をもってすり抜けているのであっ

た。こんどこそは子どもの生活の論理をひっつかまえたぞ、と思っても、いつの間にか私の手からすり抜けて、（私が）勝手につまずいてしまっているというありさまで、私が子どもの生活の論理を厄介なものとして実感させられるのは、失敗した授業の場合、特に顕著であった。（下線―引用者）

　東井は、授業が「自分でもまあ納得できる状態にまで達した」と思えるようになってからでも、子どもは絶えず「教師の手からすりぬけだして」しまい、授業の失敗を繰り返していた。しかし、失敗した時でも、悪いのは子どもではない、教師である自分が「勝手につまずいてしまっている」のだ、と子どもの「生活の論理」をとらえる教師の力量不足、と反省し続けたのが東井であった。
　面白いのは、「私（＝東井）が、いくら心して子どもの論理を予想し、予想してかかっても、子どもは、巧みに私の手から抜け出して、私の授業をつまずかせた」と教師が授業で「つまずく」、しかも「勝手につまずいてしま（う）」と表記している点だ。普通、教育界では未だに、「つまずく」のは子どもの方と相場が決まっているのだが、東井はそうではない。「つまずく」のは自分＝教師の方、子どもが悪いのではない、といつも反省している。
　そして、「私の手からすり抜けていった子どもは、やはり、それだけの理屈をもち、論理をもってすりぬけている」という事実をしっかりと再認識し、今度こそは「（その）理屈と論理」をつかんでみせるぞとあきらめずに自分の身体全体を総動員して再勝負（＝学び直し）を挑み続けたのが東井の授業づくりであった。実はこれこそが、ショーンが言った「実践の中の省察」の東井版である。アメリカのケネス・J・ガーゲンらが最近主張している「教師と子どもの関係性が、教える⇨学ぶというタテの関係から、共に学ぶ平等性（＝共にリスペクトしあう）の関係へと変化をもたらす評価へ」（ケネス・J・ガーゲン／シェルト・R・ギル著／東村知子他訳『何のためのテスト？　評価で変わる学校と学び』ナカニシヤ出版、2023）とも通底しあう。いや、ケネス・J・ガーゲンらが挙げている実践例よりはるかに優れた東井の授業づくりだ、と私は密かに思っている。
　東井の場合、「学習のつまずき」を大切にするとは、子どもがつまずいた

「理屈」を見抜くために教師が一層たくましく「構想力」を研ぎ澄ませていく仕事＝修行であった、とまとめられよう。授業とは、結局、教師の構想力と子どもの構想力の身体を張っての対決（＝主体と主体のぶつかりあい）。

　この対決に教師が勝つためには、子どもがこれなら主体に「たぐりよせ」たいと構想（イメージ）するに値するものを出し続けていく必要がある。授業では、それほど教師の器量が問われている。このような緊張感のある授業の中で初めて、子どもの側に「主体的・対話的で深い学び」も生ずることが可能になる、というのが本節における私の結論。

　つまり、「対話的」とは、子どもたち同士の間の表面的なコミュニケーションの「風景」を指すのではない。真の「対話的な学びあい」とは、学ぶのは子どもの方だけでなく、教師も同様にその都度「学び直し」をしている、という状況を指す。それが、「つまずく」のは教師の方だという、しかも「（教師の方が）勝手につまずいてしまう」のだという東井の表現。教師も子どもも「学ぶ」という点で対等である場合に初めて、このような状況（＝子どものつまずきは教師のつまずき）が生じるということを、私たちは肝に銘じておく必要がある。このような教師側の努力の上に初めて、教師からのファシリテーションが、その本来の在り方で機能する。これが、子どもを評価＝評定（assessment）し・差別化していくのではなく、授業の中で一人ひとりの子どもを刻々と「ねうちづけ」続けるという東井特有の教育的評価（evaluation）である。

第3節　教育評価

培其根

　東井は、長年勤めた相田小学校から、1961年、但東町立高橋中学校長になり、1964年4月八鹿小学校（＝現養父市立八鹿小学校─以下八鹿小と略）長となる。そこで東井は、自ら学校通信『培其根』（謄写印刷）の編集長を引き受ける。東井義雄記念館に保存されている『培其根』第1巻第1号表紙には、題字「培其根」の下に、「その根に培え」と記されている。「根を養えば樹は自ら育つ」ということであり、「見えないところ」でひとつながりにつながりあっている「いのちの根」を大切にしようという願いだ。

東井は、相田小学校で『土生が丘』という教師・子ども・地域を結ぶ学校通信の編集とガリ切り役を買って出る。その時も、編集作業をしながら、時々余白に「職員会議中継─ガガガッー─この部分聞き取れず」とユーモアを交えながら、自分の教育観などをさらりと書き加えて澄ましこんでいた。このスタイルは、校長になった八鹿小でも貫かれる。彼は、校長として職員会議などで本校の教育方針は○○と、トップ・ダウン式に教育理念を教職員に訓示するようなことはしない。そうではなくて、余白にさらりと後述するような詩を書く。八鹿小の教職員や保護者は、校長先生からの指示だと押し頂くのではなく、普段着のままで読む。むしろそのことを東井はねらっていた、と思われる。

　このように余白に書く場合でも、彼には、これはＡさんにこそ読んで欲しいというターゲットは、もちろんある。しかし、それは読み手には隠されている。彼が密かにねらったターゲットのＡさんが次号用にそれに反応した原稿を書いてくれれば、「わたしが言いたかったこともまさにそれなのだ！よく発見してくれた！」と「ねうちづけ」ていく。こうして、子どもだけでなく、同僚の教職員にも自主性・主体性を育もうとしたのが東井。

【さりげなく校長としての「ねがい」を表現する⇨それに教職員が「これは私の問題」と食いついて「反応」文を書く⇨それを校長が「ねうちづける」⇨保護者もこのサイクル（＝校長の仕かけ）全体を読み取ってほしい】

　というのが、東井の本音ではなかったか。『培其根』第6号（1967年2月）の余白に次のような詩がある。

　　　　どの子も
　　　　子どもは　星
　　　　みんなそれぞれの光方で光っている
　　　　パチ　パチ　目ぱちしながら
　　　　子どもはそれを見てもらいたがっている。
　　　　無視してはならない
　　　　無視が続くと

子どもは　目パチをやめる

無視が重なると

子どもは　光をけす

目パチをやめようとしている星はないか

光をけしかけている星は　ないか

光を見てやろう。

そして

天いっぱいに

星を　輝かせよう。

どの子も星

　前節最後に挙げた詩の検討に入ろう。

　最初の5行。学校に通っている子どもはどの子も星。とりわけ小学校へ入学したての1年生は、一生懸命目パチしながら「先生、そしてみんな、わたしの光を見て!」と叫んでいる。この光景は今も昔も変わらない。問題は、その後だ。どこの小学校でも入学したての元気な1年生はみんな「わたしの光を見て」と叫んでいる。それが夏休み前になると、もう手を挙げる子どもは2/3に減ってしまう。これは日本だけの現象ではない。アメリカでもイギリスでも同様である。入学3ヶ月で1/3ほどの子どもが落ちこぼれていくケースが多々ある、というのが東井の時代でも、そして今日でも、わが国の小学校の常態ではなかろうか。一体、なぜこうなってしまうのだろうか。

　どの教師も、自分がわざと手抜きしているとは思っていない。一生懸命、授業をしているつもりだ。それなのになぜ、1/3ほどの子どもが手をあげなくなってしまうのか。入学3ヶ月もすれば、あの元気な学習意欲がもうしぼんでしまう。日本の子どもは、そんなに弱いのだろうか。しかし本当は、落ちこぼれていく子どもが弱いからでも、悪いからでもない。悪いのは、教師の意識のうちに、相変わらず「正答」だけを求めていく旧い授業スタイルが残っているところに最大の原因がある、と東井は考えていたのではないか。では、次の5行を掘り下げてみよう。

　ここで東井が訴えていることは、子どもたち一人ひとりの「わたしの光を見て」というけなげな叫びを教師は無視してはならない、ということ。少し

でも無視が続くと、子どもは目パチを止め、やがて光を消す。だから、そうさせてはならない。目パチを止め、子どもが光を消してしまいそうな状況を、教師は、常に正面に据えて、その子に寄り添いながらとらえ直し続けて欲しい、と東井は思っている。別な言葉で言えば、これは授業中、①「正答」か否かだけの視点から子どもの発言を判断し、「正答」以外は切り捨てていくことを止める。②間違った答えであろうが、「わかりません」であろうが、さらには黙ってうつむいているだけであろうが、その状態を教師が一旦は受け止める。③しかも、先生は今わたしのありのまま（極端に言えば、よそ見したり、私語したりしているような負）の状況を、丸ごと受け止めてくれているという安心感が当の子どもにも、学級全体にも見えるようにする。

　このような状況を子どもの視点から見ると、目パチしようかどうしようかと自分が考えている間に、先生は「ハイ、わかった人、手を挙げて!」と切り上げる。手を挙げないと、「まだわかっていない」子、と教師は一方的に決めつけてしまう。でも本当は、子どもが手を挙げないのは「もう少し考えさせて」、「この事情、先生わかってよ」という意思表示なのかもしれない。だとすれば、挙手がない＝わからない子、と教師は性急に判断してはなるまい。こう受け止めるのが、東井だ。

　だから東井は、授業中に「目パチを止めそうにしている星はないか」、「光を消しかけている星はないか」と絶えず子どもを見守り続けて欲しいと願う。目パチを止めそうな子を見つけたら、光を消しそうな子がいたら、直ちに、どうしたらその子がもう一度目パチを再開し、光を輝かせ始めるか、その子にフィットした手立てを教師が工夫する。これが、「目パチを止めそうにしている星はないか」以下の３行。

　この時、教師は、A子、B男という固有名詞を思い浮かべながら、どうしたらA子やB男がアクセスでき、目パチを再開し、輝き続けることができるかと授業の途中で教材解釈をし直し、授業展開を構想していく。この種の教材解釈や授業構想が、前提になっている。だとすれば、このような前提となる取り組みを充分せずに、目パチを止めそうな子はだれか、光を消しそうな星はないかと目配りだけして、「今日まだ発表していない人は誰ですか。Cさん、Dさんですね。では今度がラストチャンス、Cさん、Dさんも頑張って!」と声かけするだけでは不十分であることもわかろう。

この場合、何が不足しているか。今度が最後と声かけすれば、先ほどまで手を挙げていなかったCさん、D君にはストレスがさらに膨らむことになるかもしれない、という配慮が足りない。それともう一つ、今度が最後と声かけするなら、必ずこれはCもDもアクセスできるはずという対案を教師が<u>新たに工夫</u>してやることが前提になる。教師は、気軽に「これが最後」と言ってはならない。もちろん、実際にはその対案で当の子どもが発言してくれるとは限らない。ただし、その場合でも、発言できない原因を子どもに帰してはならない。原因は子どもにはない。あくまでも、教師がこれで良かれと思った工夫の方にある、というのが東井の立場、授業観である。いつでも、

【子どものつまずきは教師のつまずき】

なのだ。

別な言葉で言えば、前者（＝東井）は、授業展開の途中で常に子どもの反応と照らし合わせながら省察を続け、新たな方法を創りだしている。対して後者は、授業前に決めた戦略を少しも変えることなく、<u>教師である自分に合った方法だけ</u>を子どもに押し付け続け、二度も説明してやったのに、それでもわからないのはあの子が悪い、とその責任を子どもに帰してしまう旧いタイプの教師、と言える。

ありのままを丸ごと抱き込む

「目パチをやめようとしている星…」の3行で東井が言いたかったことは、手が挙げられないという形ではあるが、本当はそこには、わたしも目パチしたい、輝きたいという強い願いが、隠されているのではないか。しかも、よくできると思われている子どもたちよりも何倍も強い、伸びたい、輝きたいという気持ちがあるのではないか。でも、この願いを挙手しないという控えめなパフォーマンスで現している。この健気さに、まず教師が共感することが先決、というのが東井の本音ではなかったか。

最後の2行。「天いっぱいに星を輝かせよう」と教師は覚悟を決める。自分の発言が不十分であろうが、ピント外れであろうが、今それをそのままの中身で私たちの先生は「ねうちづけ（て）」取りあげ、授業の中に生かして

くれた。そしてみんなもその発言の「ねうち」を認めてくれた、という状況が、教師の力で「星を天いっぱいに輝かせよう」だ。教師は、一人ひとりの子どもをありのまま丸ごと抱き込む、子どもの方もわたしはありのまま先生に、そして学級に抱き込まれていると体感する。この時、そう覚悟した教師は、この仕事は教師独りでするのではなく、またできるものでもなく、教室の仲間全員の協力を得て（＝普段からの学級づくり）、さらには親たちの手も借りながら、わたしたちは一人の落ちこぼれもなく、この学級のみんなで天（＝教室）いっぱいに輝こうという学習主体を育てていくのが東井の授業観、と私は考えている。これが、

> 【ひとりしらべ⇨みんなでのわけあい・磨きあい⇨ひとりしらべ（学習）】

という東井特有の授業展開。

どの子も伸びたがっている、太りたがっている、という気持ちは校長に言われなくてもわかっている。でも、実際には、教師は学期末、学年末には相対評価の通信簿をつけなければならない。あの子は今まで授業であれだけ頑張っていたのに、通信簿の評価では申し訳ないが（5段階相対評価の）1になってもらわなければならない。親の方も、この頃わが子は授業でよく頑張ってくれていると担任からも褒められて喜んでいたのに、通信簿を見るとやっぱり1であった。教師にとっても、そして何よりも子ども本人にとって、これほどの悲劇はなかろう。東井は、八鹿小学校に校長として着任し、この問題に正面から取り組んだ。世に言われる「通信簿改革」だ。

通信簿改革

東井は通信簿改革に取り組んだ時の心境を、『培其根』第一巻（1966）の表紙の裏で次のように語る。

> 学校は「読めない者」のためにあるのである。読めない者が読めるように、できない者ができるようになるためにこそ、その時間が、そして教師があるのである。そうであるのに、家で読めるように練習してこいとか、家でやってきなさいとか要求されることは「楽屋と舞台」

が反対になっているのである。パンはひとりももれなく与えられなくてはならない。それも、空腹なものや栄養の劣ったものにまずあたえられるべきである。

そして以下のようにまとめている。

これは、学校や学級の狂わせてはならない地軸である。磁石の針は、常にこれを指示していなければならぬ。八鹿小学校ではこの前年（1965）「通信簿の改革」を断行し、どんなできのよくない子どもにも、その子しかもたない光を発見し、教師と親が相携えてその光を大切にする体制を固めた。たとえば、国語の読みにしても、ペーパーテストによって点数に換算し、高い低いの視点で割り切ってしまうのではなく、「高くはあるが冷たい」と、高さにいい気になっている子どもをたしなめたり、「低いがあたたかいぞ」と自信を失っている子どもを励ましたり、「君は点を取ることはうまいが、うるおいがないではないか」と問題点を指摘してやったり、「点を取ることは下手だが、うるおいのある読み取りをやっているではないか」と励ましたりする評価に改めたわけである*。

　　＊ケネス・J・ガーゲン他著／東村知子他訳『何のためのテスト？評価で変わる学校と学び』が強調していることと通底する。日本では、この種の通信簿・評価改革を、東井が半世紀以上も前に公立小学校で断行していた。

　こうして通信簿改革を断行した東井の心には、次のような確信、しかも、教師になって30年以上も悩み、苦しみ続ける中で身につけてきた実践知があったのではないか。

子どもは伸びたがっている。子どもは太りたがっている。できる子どもだけが伸びたがっているのではない。できない子どもだって伸びたがっている。できない子どものできない悲しみ、できるようになりたい願いは、できる子どもの伸びたい願いの何層倍かもしれない。（東井義雄／八鹿小学校『「通信簿」の改造』明治図書、1967、15）

ここには、一人ひとりの子どもに寄りそう、とりわけ周辺部の子どもにこそ寄りそうという東井の強い姿勢が現れている。こうして、学校の全教員挙げての通信簿改革推進委員会が立ち上げられ、夏休みを全てこの作業に充てる勢いで改革作業が進められていく。その際、校長・教頭あるいは主任クラスから指示を出していく方向（トップ・ダウン）ではなく、新任や転任してきた新しい先生を含む全員が協力しながら、いつも下から積み上げていくボトム・アップの方向が採られた。通信簿改革は学校挙げての改革であるが、それを実行するのは一人ひとりの先生方だ。先生一人ひとりの自覚と強い意志なしにはできない仕事だ、ということを東井は十分に心得ていた。このような学校挙げての熟議の末、最終的に決定されたことはおよそ次のとおりである。

- すべての記録のトップに「態度」をもってくる。
  その理由は、知識偏重の結果主義に対決すると共に、いわゆるビリッ子たち、遅進児たちの学習意欲にスイッチを入れ、生きがいに点火しようとねらったからである。しかもこのことが、いわゆるできる子どもたちの学力を本物にすることになり、すべての仲間から学んでいこうとする態度、できない子どものおかげを受けてできる子ができるようになっていく認識を育てることになると考えたからである。
- 教科ごとに指導内容を明確にし、一人ひとりに確実に「実力」を育てること。

　この2点を東井たちは次のように説明している。

　わたしたちのねがいは、どんな生まれつきの子どもも、どんな素質の子、どんな恵まれない条件を背おっている子どもにも、どこかに光を見つけてやり、ぼたんの花はぼたんとして、しゃくやくの花はしゃくやくとして、すみれはすみれとして、たんぽぽはたんぽぽとして、人間に生まれてきた生まれがいを発揮させてやりたい、ということである。亀を兎にし、兎を亀にするのではなく、亀は亀としてりっぱな亀にし、

兎は兎としてりっぱな兎にしてやりたい…（中略）…運動会の徒競走で
もつまらない一等よりも、りっぱなビリの方にねうちを認めていこう
としている。

これはもう、第一章の最初に紹介した「一番はもちろん　尊い。しかし一
番よりも尊い　ビリだってある」の世界だ。

×をつけない

こうして東井たちは、学校が子どもたちをテストで選別していく場になり
つつあることを認識して、点数で5段階相対評価していく方法を捨てた。
そうして、
通信簿の評価を、

○　十分でない
◎　できる
◎　よくできる

にした。この時一番議論になったことは、十分ではないは×ではないかと
いう意見をめぐってであった。でも、×をもらった子どもの気持ちを考え
たらどうしても×はつけられない。（今日多くの学校で採用されている△も
つけられない）やっぱり○でないとだめだということになった。そして、オー
ル「5」の評価をもらいながら、教師からちょっとつつかれると「わかりま
せん」としか言えないようなそんな「5」よりももっと本当の力をつけるこ
とが、今後の私たちの第一の仕事とならねばならない、ということを確認し
合った。
　ここで、新通信簿「あゆみ」に去年までオール5の子どもに○をつけた教
師の記録を紹介しておこう。（『「通信簿」の改造』、103）

（3年生H児のために）
昨年度、クラスの最高点をひとりじめしていた優秀児（H）は、3年
生になった1学期も副委員長に選ばれ、学習はまずまず好調であった。

だが、テストの成績の結果はともあれ、この子なら、もっと高いところを要求してもやれるはずだと私は考えた。よい成績をあげているが、全心身をぶちあてて学んでいこうとするようなひたむきなものがない、という感じであった。いろいろ手だてを考えてやってみたが、期待するように変化は見られなかった。

　学期末が近づいてきた。私は、この子どもに反省を促す意味で、とうとう、ある教科の学習態度に〇印（十分でない）と、協調性に〇印（十分でない）をつけた。

　どう反応するか、その反応によってまた次の手だてを考えなければならぬと考えていたが「頭がよいと調子にのってはいけない」と母親からも注意され、本人も反省したことが、H児の日記を読んでわかった。

　これは、兎と亀が競争して一番になったと喜んでいるだけではなく、兎は兎らしくその特性を最大限伸ばさせようとする試み。5段階相対評価ではオール5になってしまい、その子にそれ以上頑張れと言えないが、学習態度に〇（十分でない）をつけることによって、「よし、もう一つ頑張ろう」と一層の「やる気」を起こさせ、兎を兎として最大限伸ばしてやろうとする配慮だ。

　この事例は、さらに一般化すれば、「入試も、にせものの学力ではなく本物の学力で突破させてやりたい。にせものには血が通っていない。にせものは根なし草のようなものだ。したがって、にせものには、成長もない」という東井の生涯一貫した認識と教育方針につながっていくことは、もう説明しなくてもよかろう。

　この通信簿改革が、八鹿小学校の教育改革にいかなる結果をもたらしたか、つまり東井たちが子どもに本物の学力をつけさせることにどれだけ効果があったかを検証できる良い資料がある。それが東井義雄・八鹿小学校著（1969）『学力観と探求の授業の創造』（明治図書）。少しだけ紹介し、分析してみよう。

「つまずき」度に応じて

　相対評価で子どもたちを振り分けなくてもよい通信簿改革は、たとえば、

6年生算数の時間には学級の枠を解体して同学年の3人の教師の間で、子どもの「つまずき」度に応じて、最もつまずきの多い子どもを第一分団に、それよりつまずきの少ない子どもを第二分団に、ほとんどつまずきのない子どもを第三分団に分けて、しかも子どもにどの分団に行きたいか自分で選択させる体制の「移動分団学習方式」も可能になる。

　この種の「移動分団学習方式」は東井が新任2年目の豊岡小で実践したものと同じだ。最もつまずきの多い分団を第一分団と命名して、よく生じる差別感の排除にも気配りしているところにも、東井の立ち位置が現れている。第一分団を担当した教師の次のような記録がある（『培其根』第2巻、第9号、1967、15）。

　　算数移動分団の経営が楽しい。次々と問題が生じてくるけれども、それらはたいてい私たちが事前に予想していたことであり、そういう問題が現れてくること自体、私たちの進んでいる方向が、当初意図し計画した方向に正しく進んでいることを示しているようで、心にゆとりをもちながら対処できるのはしあわせなことである。
　　「先生、家庭学習のプリントまだできていませんか？」
　　と、第一分団の子どもがたずねにくる。
　　「算数なんか嫌いだわい」と自分でもいい、自分は頭が悪いと自分で決めていた彼である。それががぜん燃えはじめたのである。
　　授業中「ああそうか、わかった！」という叫ぶ声が次々に起こってくる。そうかと思うと、「なんぼ考えてもわからへん」というつぶやきがつぶやかれる。するとすぐ家庭科のHさん（先生）がニコニコしながらつぶやき主のところに歩み寄って指導してくださる。
　　「わかった！」という叫びがあがり、その子がこんどはわからない仲間のところに行って、下手ながら一生けんめい説明している。
　　「わからへん」というつぶやきや叫びを私は、いつの間にか待望していることに気づいた。今までの学級の中では、子どもたちは、この声を喉の奥でおし殺していたのではなかったろうか。「わからない」というつぶやきをおし殺し、やがて問題から逃避してしまっていたのではなかろうか。A学級のI君が「わからへん」とつぶやけば、C学級のY

君が「どこがわからへんの？」と寄っていくこの生き生きとした関係
こそ、私たちをこの学習方式にふみきらせた夢の関係であったのである。

　学級の枠を外すという効果がよく現れている。学級の枠を外すことで教師
たちは、協働して八鹿小の子どもたち一人ひとりを自分の得意とする教科や
方法で教えることが可能になる。また子どもたちは、「わからない」と言え
ば、先生が丁寧に教えてくれる、さらには空き時間の家庭科の先生まで教
えに来てくれる、という指導体制も組めるようになることがわかろう。では、
つまずきがほとんどない第三分団の子どもたちはどうなのだろう。それにつ
いては、次のような日記がある。二つだけ挙げておこう。

　　○ぼくは算数が楽しくて仕方がない。P.118の2番がどうしてもわから
　　　ない。紙に、書いて書いて…（中略）…でもわからない。だが、こん
　　　な繰り返しをしていても、少しもあきてこない。次々考えが出てくる。
　　　しかし、うまくいかない。宮沢賢治の詩が思い出される。
　　　「…こんな人にわたしはなりたい」という詩が…。ぼくは、こんな人
　　　になりたい。何事もやりぬく力の人間に。
　　　でも、先生、この問題だけはやりぬけない。自分に負けたことにな
　　　るのか。そうは思わない。明日こそは解いてみせるぞ！先生、もうね
　　　ます。
　　○自分の計画したところまで、やっとやっとできたんです。でも、先
　　　生、もうだめ。鉛筆がたおれそうです。からだが消えそうです。先生、
　　　おやすみなさい。日記、読めるのかな？あすはまた力いっぱいがん
　　　ばります。オヤスミナサイ。

　家庭学習が、やりたい問題を自分で選んで自ら進んでやる仕事になってい
ることがわかろう。自分が計画したところまでは必ずやる、という熱意。算
数の問題と奮闘しながら、宮沢賢治の詩を思い出せるような学習でこそ、本
物の学力は育つという東井の信念の現れと言えよう。算数の学習が、算数の
学習という枠を乗り越えて総合的な学習になっている。こうして、八鹿小学
校の全教員で本物の学力を育む授業づくりに邁進していくと、わが子が「近

ごろ、朝『行ってまいります』の次に『きょうもがんばってくるぜ』ということばをつけ加えるようになりました」という手紙を書いてくれる母親も現れてきたそうである（『培其根』第2巻第14号、1967、78）。

小括

　このような「通信簿改革」を学校挙げて断行したのが、公立の八鹿小学校の授業改革・教育改革であった。前節で触れたケネス・J・ガーゲンらの言葉を借りれば、それは、従来からの「工場生産」型の教育を超えた（beyond）新しい「共創」型の教育への転換であった。東井義雄が、20歳で豊岡小学校へ赴任以来ずっと気にかけていた「周辺部の子ども」たちへの手厚い配慮の授業づくり・教育改革を、この「通信簿改革」でやっと実現できた画期的な教育改革であった、とここまで原稿を書き進めてきて納得できた。これが本章のまとめである。

　私が40代初めの頃であったか、ある高名な教育学者が、「豊田は周辺部の子どもたちにあまりにも肩入れし過ぎている。それでは、授業でよくできる子どもが不幸になるのではないか？」と、雑誌で批判した。こう批判した人は、東井の授業実践を充分に理解されていない人ではなかったのか、と今私は思っている。その人も、八鹿小での通信簿改革後の授業で、下に再び引用するように、よくできる子の学ぶ事実を知ってくれれば、了解してもらえるのでは、と思っている。

　　ぼくは算数が楽しくて仕方がない。P.118の2番がどうしてもわからない。（どれだけ書き直しても）少しもあきてこない。次々考えが出てくる。しかし、うまくいかない。宮沢賢治の詩が思い出される。「…こんな人にわたしはなりたい」という詩が…。ぼくは、こんな人になりたい。何事もやりぬく力の人間に。でも、先生、この問題だけはやりぬけない。自分に負けたことになるのか。そうは思わない。明日こそは解いてみせるぞ！

公立学校で通信簿改革を断行し、移動分団式学習を実践する中で、いわゆる「よくできる」と言われている子どもも、ますます自分を伸ばそうとチャレンジしていく学びの構えを強固にしている。これが、東井が20歳で豊岡小学校へ赴任して、21歳から全力で取り組んだ授業実践であった、という事実に私は納得できた。

　もちろんこのような授業実践は、東井一人の努力でできるものではない。子どもたちとの協働が不可欠であり、同僚やさらには親、地域をも巻き込んだ協働を組織して初めて可能になる実践である。

　東井の豊岡小新任以来の授業実践を八鹿小学校退任するまでを通して考察した研究は、管見の限り未だない。この貴重な事実を、一人でも多くの現役教員、将来教師志望の学生さんに了解していただけるお役に立つことができれば、望外の幸せである。これを以て、本書全体の総括とし擱筆する。

　　（本章第1節は、拙著『東井義雄　子どものつまずきは教師のつまずき』の第3
　　章「深い学び」、第2節は拙著「全員参加の質を問う」に大幅な加筆修正を加え
　　再構築した。）

（註）
阿部昇（1996）『「説明的文章教材」の徹底的批判』明治図書。
小川太郎（1969）『生活綴り方と教育』明治図書。
ケネス・J・ガーゲン／シェルト・R・ギル著／東村知子他訳（2023）『何のためのテスト？　評価で変わる学校と学び』ナカニシヤ出版。
鈴木晶子（2011）『教育文化論特論』放送大学教育振興会。
東井義雄『村を育てる学力』明治図書、1957年。
『東井義雄著作集』2、4、明治図書。
東井義雄・八鹿小学校著（1969）『学力観と探求の授業の創造』明治図書。
豊田ひさき（2007）『集団思考の授業づくりと発問力』明治図書。
豊田ひさき（2015）「全員参加の質を問う」（『教育研究』No.1358）。
豊田ひさき（2016）『東井義雄の授業づくり　生活綴方的教育方法とESD』風媒社。
豊田ひさき（2018）『東井義雄　子どものつまずきは教師のつまずき』風媒社。
『培其根』第2巻第14号。
『吉本均著作選集3』明治図書、2006。

[著者略歴]

豊田ひさき（とよだ ひさき）

1944年三重県に生まれる。広島大学大学院教育学研究科修士課程修了。教育学博士。大阪市立大学大学院文学研究科教授、名古屋大学大学院教育発達科学研究科教授、中部大学現代教育学部初代学部長等を経て、現在朝日大学教職課程センター教授。専門は、教育方法学、カリキュラム論、授業実践史。

（主要著書）『学力と学習集団の理論』（明治図書、1980年）、『明治期発問論の研究』（ミネルヴァ書房、1988年）、『学習集団の授業づくり』（日本書籍、1994年）、『小学校教育の誕生』（近代文芸社、1999年）、『集団思考の授業づくりと発問力・理論編』（明治図書、2007年）、『校長の品格』（黎明書房、2009年,）『生活綴方教師　宮崎典男の授業づくり』（一莖社、2011年）、『東井義雄の授業づくり　生活綴方的教育方法と ESD』（風媒社、2016年）、『東井義雄　子どものつまずきは教師のつまずき』（風媒社、2018年）、『「学び合いの授業」実践史―大正・昭和前期の遺産―』（風媒社、2020年）等多数。

東井義雄 授業実践史

2024 年 3 月 14 日　第 1 刷発行　（定価はカバーに表示してあります）

著　者　　豊田ひさき

発行者　　山口　章

発行所　　名古屋市中区大須 1-16-29
振替 00880-5-5616 電話 052-218-7808　風媒社
http://www.fubaisha.com/

＊印刷・製本／モリモト印刷　　乱丁本・落丁本はお取り替えいたします。

ISBN978-4-8331-0965-9